CB033571

Na direção das Setas Amarelas

Na direção das Setas Amarelas

A BUSCA DE SI MESMO NO CAMINHO DE SANTIAGO DE COMPOSTELA

LEANDRO HAACH

1ª edição / Porto Alegre-RS / 2019

Coordenação editorial: Maitê Cena
Capa e projeto gráfico: Marco Cena
Revisão: Marcio Coelho
Produção editorial: Bruna Dali e Jorge Meura
Produção gráfica: André Luis Alt

Dados Internacionais de Catalogação na Publicação (CIP)

H111d Haach, Leandro
        Na direção das setas amarelas : a busca de si mesmo no Caminho
de Santiago de Compostela. / Leandro Haach. – Porto Alegre:
BesouroBox, 2019.
        240 p. ; 14 x 21 cm

    ISBN: 978-85-5527-097-0

       1. Descrições de viagens. 2. Caminho de Santiago de Compostela.
3. Autoconhecimento. I. Título.

CDU 910.4

Bibliotecária responsável Kátia Rosi Possobon CRB10/1782

Copyright © Leandro Haach, 2019.

Todos os direitos desta edição reservados a
Edições BesouroBox Ltda.
Rua Brito Peixoto, 224 - CEP: 91030-400
Passo D'Areia - Porto Alegre - RS
Fone: (51) 3337.5620
www.besourobox.com.br

Impresso no Brasil
Fevereiro de 2019

À minha filha, Marina, motivo da minha constante busca e que agora já começa a traçar o próprio caminho.

"A vida necessita de pausas."
Carlos Drummond de Andrade

"Francisco e Bernardo deixaram Assis e tomaram a estrada tradicional dos peregrinos: de Florença a Pisa, depois para o norte até Lyon, a sudeste atravessando os Perineus, e a oeste em direção ao venerável lugar de devoção em Santiago de Compostela. A cavalo, era possível viajar de Assis a Compostela em três semanas; a pé, o trajeto tomaria quase dois meses. Mas Francisco estava tão entusiasmado que por vezes deixava para trás seu companheiro e se adiantava apressadamente, com o espírito inebriado, a fim de cumprir seu objetivo."

Donald Spoto

SUMÁRIO

Prefácio 13

Prólogo: O Caminho 15

1º de junho: Porto Alegre – Madri 23

2 de junho: Madri – Pamplona 29

3 de junho: Pamplona – Saint-Jean-Pied-de-Port 33

4 de junho: Saint-Jean-Pied-de-Port – Roncesvalles... 41

5 de junho: Roncesvalles – Zubiri 49

6 de junho: Zubiri – Pamplona 57

7 de junho: Pamplona – Puente la Reina 67

8 de junho: Puente la Reina – Estella 77

9 de junho: Estella – Torres del Río 83

10 de junho: Torres del Río – Navarrete 91

11 de junho: Navarrete – Cirueña 101

12 de junho: Cirueña – Belorado 107

13 de junho: Belorado – San Juan de Ortega **115**

14 de junho: San Juan de Ortega – Burgos **123**

15 de junho: Burgos – Hontanas **129**

16 de junho: Hontanas – Boadilla del Camino **137**

17 de junho: Boadilla del Camino – Carrión
de los Condes **143**

18 de junho: Carrión de los Condes – Sahagún **149**

19 de junho: Sahagún – Mansilla de las Mulas **155**

20 de junho: Mansilla de las Mulas – León **161**

21 de junho: León – Hospital de Órbigo **167**

22 de junho: Hospital de Órbigo – Astorga **173**

23 de junho: Astorga – Foncebadón **179**

24 de junho: Foncebadón – Ponferrada **185**

25 de junho: Ponferrada – Pereje **193**

26 de junho: Pereje – O Cebreiro **199**

27 de junho: O Cebreiro – Sarria **205**

28 de junho: Sarria – Hospital de la Cruz **209**

29 de junho: Hospital de la Cruz – Melide **215**

30 de junho: Melide – Labacolla **221**

1º de julho: Labacolla – Santiago de Compostela **225**

Agradecimentos **237**

Referências Bibliográficas **238**

PREFÁCIO

Por volta de meio-dia, na rua que dá acesso à Igreja Matriz de São João, em Saint-Jean-Pied-de-Port, identificando-o por um pequeno broche com a bandeira do Brasil, encontrei aquele que se tornaria o grande companheiro e confidente durante minha segunda peregrinação ao túmulo do apóstolo Tiago, o Maior.

O Caminho não seria apenas um desafio físico para nós. Conversando pela estrada, compreendemos mais tarde que era mais um desafio interno – ele selaria algo mais profundo, algo que não poderia ser apenas uma "competição esportiva". Meu amigo e eu sentíamos que deveríamos agradecer ao Nosso Senhor por tudo aquilo que havia nos dado na nossa vida, e assim o Caminho foi tendo um sentido completo.

O amigo de que vos falo é o autor deste livro. Por meio da leitura, perceberá o leitor que não se trata de um guia ou, simplesmente, um diário do Caminho de Santiago de Compostela, mas, sim, o relato de uma experiência rica em desafios, criando e reforçando relações de amizade, dividindo dificuldades, alegrias, emoções, muitas comoções, ao ponto de sentir-se hoje "irmãos e irmãs do Caminho".

Algumas frases importantes para o peregrino sintetizam este precioso trabalho do Leandro Haach: "O Caminho não termina em Santiago: na tua família, na tua cidade, ali se encontra o teu caminho de testemunho"; e uma segunda: "O turista exige, o peregrino agradece". Deus vos abençoe e São Tiago interceda por todos.

Pe. Frederico Gurgel Câmara,
peregrino

PRÓLOGO
O CAMINHO

Em um povoado próximo a Cafarnaum, situado a nordeste do Mar da Galileia, morava uma família de pescadores. Certo dia, Tiago e seu irmão João consertavam redes no barco, quando Jesus passou por lá e os convidou a segui-lo. Perplexos com a força contagiante daquele chamado, os dois filhos de Zebedeu e Maria Salomé sabiam que seu destino mudaria para sempre – seriam discípulos de Cristo, tornando-se, dali em diante, pescadores de homens.

Os relatos bíblicos dão conta de que o impetuoso Tiago "Maior" – chamado assim para diferenciar-se do outro apóstolo Tiago, o "Menor", por ser mais novo – gozava de especial confiança e intimidade com Jesus, testemunhando momentos importantes da vida do Mestre, como a ressurreição da filha de Jairo e o momento da transfiguração. Conta-se que, depois da morte de Cristo, Tiago, assim como outros apóstolos, partiu para pregar o Evangelho em terras distantes. Os indícios e registros apontam que ele escolhera um lugar no Ocidente, os reinos que hoje formam a Espanha, próximo ao Oceano Atlântico. Entretanto, mesmo ele tendo realizado um árduo trabalho na região, a palavra de Cristo não fora aceita com facilidade devido às tradições arraigadas da população da época.

Findado o esforço de espalhar a luz do Evangelho na Espanha, Tiago decidiu retornar a Jerusalém, onde foi perseguido, aprisionado e condenado à morte a mando de Herodes Agripa. Na saída do cárcere, a caminho da execução, ele ainda se deteve para realizar dois milagres: conversão e batismo de seu guarda, um fariseu chamado Josias, e a cura de um paralítico. Depois de morto e esquartejado, teve seus restos mortais recolhidos por dois de seus discípulos, Teodoro e Atanásio, que os transladaram em uma arca de pedra para serem sepultados em terras ibéricas, na Galícia, fazendo-se cumprir o desejo do apóstolo de Cristo. Isso teria ocorrido entre os anos 40 e 50 da era cristã. Ainda assim, seu túmulo havia de acabar sendo esquecido por quase 770 anos.

Conta a tradição que um monge chamado Pelágio, passando pelo Bosque de Libredón, avistou uma intensa chuva de estrelas, cujo clarão parecia-lhe algum sinal divino, indicando um ponto específico. Intrigado com aquele fenômeno, Pelágio resolvera seguir na direção que as estrelas apontavam. Foi quando encontrou um velho sepulcro no qual havia inscrições de que lá estavam enterrados o apóstolo Tiago e seus dois discípulos, Teodoro e Atanásio. Sem hesitar, correu para informar o bispo Teodomiro, da diocese de Iria Flávia, acerca dos túmulos encontrados em um *Campus Stellae*, a origem grega da palavra Compostela.

Quando o rei de Astúrias, Alfonso II, tomou conhecimento da descoberta, imediatamente peregrinou até o local e determinou a construção de uma capela de pedra sobre o sepulcro. De acordo com os relatos datados do ano de 840, foi nessa época que começaram as primeiras peregrinações ao campo de estrelas (Compostela).

Reza uma lenda que, dois anos mais tarde, quando as tropas de Astúrias e León enfrentavam os árabes do Reino de Andaluzia, durante a Batalha de Clavijo, o apóstolo Tiago teria sido visto lutando montado em um cavalo branco, empunhando uma espada em forma de cruz, e teria ajudado na vitória dos cristãos. A notícia desse milagre espalhou-se por toda a Europa, o que fez fortalecer e impulsionar a luta pela reconquista da Península Ibérica, ao mesmo tempo que consolidou o início das peregrinações a Compostela.

Desde aqueles tempos longínquos, há mais de mil anos, o Caminho que se faz hoje, saindo de Saint-Jean-Pied-de-Port até Santiago de Compostela, continua seguindo exatamente pela mesma rota medieval que outrora fora percorrida por Carlos Magno, São Francisco de Assis, Santa Isabel de Portugal, pelo papa João XXIII e tantos outros. Em parte, a existência do Caminho deve-se a um sacerdote francês chamado Aymeric Picaud, que no ano de 1131, por encomenda do papa Calixto II, fez sua peregrinação a Compostela e escreveu o primeiro guia, conhecido como *Codex Calixtinum* – ainda hoje levado em conta na elaboração de novos roteiros que conduzem a Santiago.

A reconquista da Península Ibérica pelos reinos cristãos, depois de cerca de sete séculos (722 a 1492), permitiu que, ao longo desse tempo, fossem sendo erigidas catedrais, igrejas, mosteiros, pontes, albergues, hospitais e boas estradas no Caminho. Um dos objetivos desse intento era oferecer proteção contra os ataques de ladrões e assaltantes. No ano de 1179, buscando manter as peregrinações em segurança, foi criada a Ordem dos Cavaleiros de Santiago, os quais eram encarregados da vigilância da rota pela da Espanha. A Ordem dos Templários, que protegia os lugares santos, passou, mais tarde, a também proteger o Caminho.

Não por acaso, entre os séculos XIII e XV, o número de peregrinos atingiu seu apogeu, chegando o Caminho a ser percorrido por mais de um milhão de pessoas a cada ano. Foi nessa época que o Caminho principal, e mais conhecido pelo grande número de estrangeiros franceses (ou vindos da França), passou a ser chamado de rota do Caminho Francês.

Após a reconquista da Península Ibérica, as ordens militares estavam tão fortalecidas que ameaçavam o poder do Estado, o que teria obrigado a Igreja e os reis católicos a intervirem com força a fim de afastar um suspeito insurgimento contra a nobreza. Por esse motivo, pouco a pouco – e durante muito tempo – a rota que levava ao túmulo do apóstolo Tiago foi caindo no esquecimento.

Na segunda metade do século XX, porém, mais especificamente no final dos anos 1970, surgiu a figura do combativo padre Elías Valiña Sampedro (1929-1989), conhecido como "o cura do Cebreiro". Intelectual respeitado, formado em Direito e doutor em Teologia, o sacerdote e escritor espanhol tornou-se, em 1959, padre (cura) do Cebreiro, paróquia pertencente ao município de Pedrafita do Cebreiro, situado na Província de Lugo, região da Galícia. Dedicou a vida a promover o Caminho de Santiago e desenvolver o povoado em que atuava – o padre Elías era, sobretudo, um homem de ação. Além de escrever diversos livros e guias de auxílio aos peregrinos, foi o responsável pela recuperação de todo o percurso que levava a Compostela.

Depois de ter estudado com profundidade o traçado original do Caminho Francês, o padre Elías resolveu sair para fazer as marcações da rota, identificando-a desde os Perineus até Santiago. Como não havia muitos recursos, ele pediu ajuda para uma empresa da região – responsável pelas obras das vias públicas –, que gentilmente lhe doou uma sobra de tinta amarela usada para pintar asfalto. Assim, de forma modesta e criativa, nasceu a tradição de pintar as setas de amarelo.

Quando o padre Elías estava trabalhando na marcação do Caminho, próximo de Roncesvalles, dois guardas o abordaram e pediram que explicasse o que estava fazendo. "Preparando uma grande invasão a partir da França!", respondeu ele, expressando em tom profético algo que viria a se concretizar com o ressurgimento do Caminho. Poucos anos depois, em 1987, o Conselho da Europa outorgou ao Caminho de Santiago o título de

Primeiro Itinerário Cultural Europeu. Mais tarde, no ano de 1993, a Unesco reconheceu-o como Patrimônio Cultural da Humanidade.

Atualmente, o desejo do padre Elías de que nunca se perdesse o uso das setas amarelas tem sido mantido com a ajuda da população, de simpatizantes e pelo bonito trabalho das associações de amigos do Caminho de Santiago. O título deste livro, de forma singela, busca fazer uma homenagem à história e ao legado do padre Elías Valiña Sampedro.

Há que se reconhecer, contudo, que o escritor Paulo Coelho teve e tem um elevado mérito na divulgação do Caminho de Santiago de Compostela. Depois da publicação de seu livro *O diário de um mago*, ocorreu uma verdadeira explosão de novos peregrinos buscando conhecer o Caminho que leva até o túmulo do apóstolo Tiago.

Eu mesmo posso afirmar que fui influenciado. Lembro, entretanto, que parecia não fazer muito sentido aquela história sobre uma caminhada de mais de 700 quilômetros pelo norte da Espanha. Custava-me acreditar naqueles exercícios e rituais místicos, enquanto o protagonista e seu guia peregrinavam em busca de uma espada, numa travessia que contava com aparições de anjos e demônios.

Na época, fiquei um pouco frustrado. Eu acabara de ler *O alquimista* – ainda estava meio que embriagado com a força e a riqueza universal de sua mensagem. E mesmo diante de todos os sinais, não tinha sido capaz de entender que o livro que narrava a viagem do autor pelo lendário Caminho de Santiago de Compostela trazia consigo o embrião da fábula do jovem pastor andaluz que sai em busca de seu tesouro no Egito.

Todos buscamos algo. No meu caso, fui fazer o Caminho de Santiago numa tentativa de poder olhar com mais clareza para a vida e para os meus conflitos existenciais. Embora nunca tenha perdido minha fé – a fé genuína que temos em nós mesmos e em Deus –, algo dentro de mim sempre incomodou: a necessidade de conhecer mais sobre mim mesmo. Há alguns anos, tive um sonho enigmático que me acompanhou por muito tempo. Lembro-me de que jogava xadrez com diversas pessoas em uma sala escura. Elas estavam sentadas em pequenas mesas, dispostas em uma linha horizontal, e eu vencia quase todas com facilidade, mas perdia para apenas um oponente. Misteriosamente, com medo ou insegurança, eu evitava olhar e me defrontar com o rosto do homem à minha frente. Depois de algumas partidas, porém, resolvi encarar fundo nos olhos do competidor e quase algoz. Foi quando, atônito, demorei alguns segundos para perceber que aquele adversário era eu mesmo, o único jogador que eu não era capaz de vencer.

Diante de todas as adversidades da vida, nunca medi esforços e jamais perdi a coragem de acreditar na superação dos meus limites. O plano de fazer o Caminho era simplesmente isso: tentar ir ao encontro de mim mesmo.

Primeira seta indicativa do Caminho Francês em Saint-Jean-Pied-de-Port, rue La Citadelle.

1º DE JUNHO
PORTO ALEGRE – MADRI

Ainda era muito cedo quando embarquei no voo LA 3163 de Porto Alegre a São Paulo, o primeiro trajeto de uma longa viagem até chegar à cidade de Saint-Jean-Pied-de-Port, ponto de partida da tradicional rota francesa que vai até Santiago de Compostela. Levava apenas uma mochila e o sonho de conseguir percorrer a pé os mais de 800 quilômetros do caminho medieval que leva até o túmulo do apóstolo de Cristo.

Eu estava calmo e sereno quando uma turbulência repentina, depois de quase uma hora de voo, interrompeu o serviço de bordo. Achei curiosa a situação. Tantos anos viajando, entrando em aviões e saindo deles, já passara por turbulências mais fortes que aquela. E de repente um susto chegava para provocar uma instabilidade em minha rasa paz interior. Esforcei-me para afastar qualquer pensamento que pudesse indicar algum mau presságio. Não estava com medo, mas também não estava disposto a encontrar um motivo que me levasse a desistir da viagem.

Quase na chegada, o avião fez uma curva suave para a esquerda e o sol a leste bateu irradiante na janela da aeronave. Respirei fundo e agradeci a Deus. Sabia que, apesar das eventualidades, aquele era um momento especial, o primeiro trajeto da aventura mais épica que já fizera na vida.

Minutos antes de aterrissar em Congonhas, fiquei refletindo que a vida é mesmo como uma viagem. Seja a pé, de carro ou de avião. Há sempre pedras no caminho, há sempre buracos nas estradas e há sempre a turbulência nos voos. A maior parte dessa viagem é boa e agradável, mas sempre haverá momentos nos quais os problemas e as surpresas desagradáveis serão inevitáveis.

Na passagem por São Paulo, com algum tempo livre antes de embarcar para Madri, visitei um querido amigo, Carlos Leão, no bairro Campo Belo. Para fazer hora, fomos caminhar no Parque Ibirapuera antes do almoço. Falamos muito sobre planos profissionais, religião, viagens e sobre as expectativas que cercam uma peregrinação desafiadora como a que eu estava prestes a iniciar. Recentemente ele conhecera o Egito e Jerusalém. Ainda estava em êxtase pela experiência vivida e com muita história bonita para contar. Foram horas de um dia aprazível – o 1º de junho começava com um sol radiante e sem vestígios de nuvens no céu. No Terminal 3 do aeroporto de Cumbica, nos despedimos com um abraço e ele me disse: "Relaxa, o frio na barriga é bom".

Senti-me surpreso depois que despachei a mochila e passei pelo raio X. Pela primeira vez em muitos anos, estava viajando para o exterior sem notebook e mala de mão. Olhei para minha roupa despojada e, intimamente, sorri por alguns segundos, desfrutando aquela sensação de liberdade. Eu estava fazendo algo sem compromissos de horários, reuniões, tampouco preocupações profissionais. Até um mês atrás, então, eu trabalhava na Europa. Durante um tempo considerável eu voava com muita frequência entre Brasil e Portugal; não era, portanto, nenhum novato em termos de viagens internacionais. Mas naquela vez era diferente – eu estava realizando uma viagem inusitada e mística, indo à procura de algo que não sabia muito bem o que era.

Enquanto esperava o embarque, tentei ler a revista *Veja*, que estampava em sua capa uma matéria sobre o futuro da Petrobras. Foi inútil. Estava começando a ficar apreensivo e já não conseguia ler qualquer coisa que não dissesse respeito ao Caminho de Santiago de Compostela.

Quase chegando à Europa, faltando pouco menos de uma hora para a aterrissagem, senti uma leve aflição. Diferentemente do voo para São Paulo, este não teve qualquer sobressalto, mas a sensação de que algo pudesse dar errado estava incomodando.

No guichê da imigração em Lisboa, o funcionário cumprimentou-me com um lacônico bom-dia antes de introduzir meu passaporte no escâner de código de barras. Ao ver meus últimos registros de entrada em Portugal, ele levantou os olhos e rapidamente disparou a pergunta:

– O senhor tem visto de residência?

Respondi o que em outras circunstâncias já estava habituado:

– Trabalho para uma multinacional que tem unidades em Portugal, motivo pelo qual costumo vir aqui com certa frequência. Mas desta vez estou apenas de passagem para a Espanha – esta última frase pareceu não cair bem e ele me olhou desconfiado.

– E o que vais fazer em Espanha, senhor Leandro?

– Pretendo fazer o Caminho de Santiago de Compostela que sai da cidade de Saint-Jean-Pied-de-Port, no sul da França – respondi seguro.

– Por que não o Caminho primitivo? – perguntou ele, sem tirar os olhos do passaporte.

Tive a impressão de que a intenção da pergunta não era falar do Caminho, mas ganhar tempo e perceber se eu não cairia em alguma contradição.

– O Caminho Francês é o mais tradicional – respondi.

– Senhor Leandro, o senhor tem passado muito tempo em Portugal. Esteve aqui por quarenta e tantos dias desde fevereiro, esteve aqui em abril e deixou o país há apenas oito dias. Não tenho tempo para contas apuradas, mas creio que já se fecharam os três meses permitidos.

Emudeci. Já havia passado por algumas situações difíceis para explicar minhas entradas naquele país. A abordagem do agente estava correta. Trazia o argumento que justificaria negar meu acesso à Europa.

Em silêncio, perguntei a mim mesmo por que motivo havia comprado aquele bilhete pela TAP, se o mais sensato era ter viajado direto para Madri pela companhia Iberia. Tarde demais para lamentar, pensei, quando num piscar de olhos veio a resposta do funcionário da imigração:

– Hoje vou deixá-lo passar. Entretanto, veja isso com sua empresa, pois numa próxima penso que não o deixarão entrar.

Respirei fundo e aliviado. Peguei meu passaporte e agradeci, dirigindo-me rapidamente ao raio X que levava aos voos de conexão.

O aeroporto de Lisboa tem uma ampla sala redonda de espera, e quase bem ao centro tem um charmoso bistrô do café francês Hediard. Sempre que possível, eu gostava de parar ali para um cappuccino, um croissant e um suco de laranja natural servido em um elegante copo de vidro. Na loja Fnac, quase em frente, costumava passar para fazer hora olhando os livros nas estantes. Fora ali, anos antes, que havia comprado uma primorosa edição comemorativa do *Dom Quixote*, de Cervantes. Fora também naquela sala de espera que me vi algumas vezes angustiado e indeciso, perdido em dramas e em busca de respostas para minha vida. Alguém me dissera certa vez que o pior peso é o da mente. Mas eu já não sentia mais culpas e não estava disposto a remoer o passado. Definitivamente não era a busca que eu estava empreendendo a partir daquele dia.

Gravura de Dom Quixote e Sancho Pança na fachada da casa onde morou e morreu Miguel de Cervantes.

2 DE JUNHO
MADRI – PAMPLONA

Chegara cedo a Madri, por volta das 9h, e só viajaria para Pamplona às 15h. Era a chance que eu tinha para conhecer o que há tempos planejava: visitar o charmoso e boêmio *Barrio de las Letras* de Madri, lugar em que viveram grandes escritores espanhóis do chamado Século de Ouro, como Lope de Vega, Francisco de Quevedo, Luís Góngora e, claro, o mais conhecido, Miguel de Cervantes. Na *Calle Jesús* está edificada a imponente igreja de mesmo nome. Seu interior é discreto e acolhedor, adornado com lindas imagens sagradas em estilo moderno. Entrei, ajoelhei-me e pela primeira vez rezei em território espanhol. Agradeci por estar ali e pedi força física e espiritual para realizar meu Caminho.

Já na sala de embarque da Estação de Atocha, enquanto aguardava o trem vespertino para Pamplona, encontrei uma moeda no chão do restaurante Gambrinus. Sempre gostei de achar moedas – parecia um bom sinal. E de certa forma, naquela tarde, resgatava parte da minha confiança. Desde a saída do aeroporto de Madri, quando precisei colocar a mochila nas costas, percebi que em nenhum momento antes da viagem havia tido aquele tipo de experiência. A mochila estava pesada (quase dez quilos), difícil de carregar, sentia-me totalmente desajeitado ao prendê-la ao corpo. Foi quando uma sombra de apreensão passou a fazer parte de cada passo dado no *Barrio de las Letras*. Fiquei pensando em como seria meu desempenho quando realmente começasse a caminhar. Também estava pouco à vontade com o *money belt*. Acostumado a andar com carteira de bolso, por duas ou três vezes pensei ter perdido meus pertences, o que teria sido o fim da viagem, pois no *money belt* estavam passaporte, dinheiro e cartão de crédito.

A saída de Madri, entretanto, não aconteceu como planejado. Logo na partida do trem, uma parada súbita. Uma pessoa havia enfartado e, depois de algum tempo, o trem precisou retornar à estação. Quando a maca acelerada dos socorristas da emergência passou pelo meu vagão, já de volta a Atocha, deu pra perceber que se tratava de um homem mais jovem do que eu. Aquilo me deixara assustado, podia muito bem ter acontecido comigo. Quando se está em uma viagem distante e solitária, esse tipo de situação faz refletir ainda mais sobre a brevidade da vida. Procurei pensar em algo diferente que me fizesse afastar aquela apreensão perturbadora. Liguei para minha filha no Brasil, disfarcei ao telefone dizendo que havia chegado bem e que estava curtindo conhecer Madri.

O atraso do trem me fizera perder o último ônibus para Saint-Jean-Pied-de-Port, um pequeno contratempo. Teria que dormir em Pamplona e retardar o início da caminhada, planejado para domingo, 3 de junho. Não havia problema: me restavam 33 dias para atingir meu objetivo. À noite, ainda um pouco aflito no silêncio do hotel, desejei apenas que estivesse bem o rapaz que passara mal naquela tarde no trem.

Rua no Barrio de las Letras em Madri.

3 DE JUNHO
PAMPLONA – SAINT-JEAN-PIED-DE-PORT

Pela manhã, antes de embarcar no ônibus para Saint-Jean-Pied-de-Port, conheci um casal de americanos da Flórida, George e Rosa, e dois outros americanos, Arthur e Kevin, policiais em Nova York. Éramos cinco peregrinos cheios de dúvidas e expectativas naquela ensolarada manhã de domingo. O ônibus para Saint-Jean demora 1h45 e passa por três grandes aclives com curvas bastante sinuosas. Antes de iniciar a viagem, o motorista, em tom de brincadeira, mas falando sério, advertiu que deveríamos utilizar o cinto de segurança e, se alguém enjoasse, poderia solicitar uma pequena bolsa para não ter de limpar o assoalho do ônibus na chegada a Saint-Jean-Pied-de-Port. Achamos engraçado, mas houve um momento em que o americano Kevin pediu socorro e corremos com uma das bolsas plásticas para que ele não sujasse o ônibus e a pessoa que estava sentada ao lado dele.

Era quase meio-dia quando chegamos a Saint-Jean-Pied-de-Port. Conversei brevemente com os americanos de Nova York e resolvemos nos separar – nos encontraríamos mais tarde para marcarmos de sair caminhando juntos na manhã do dia seguinte. George e Rosa mal chegaram e já partiram para Orisson, o primeiro refúgio na subida dos Perineus. Sensato, pensei, ainda mais para americanos da Flórida, onde não há montanhas e todas as caminhadas são planas. Planejar e dividir em dois o trecho mais íngreme e mais difícil do Caminho era, sem dúvida, uma decisão inteligente. Eu sabia daquela alternativa, mas já havia feito reserva para dormir em Saint-Jean. Queria muito explorar aquela pequena vila medieval francesa que, ao longo dos séculos, fora ponto de partida de milhares e milhares de peregrinos.

A primeira coisa que fiz quando me vi sozinho em Saint-Jean-Pied-de-Port foi entrar na *Église Notre-Dame*. Imediatamente senti a primeira das emoções fortes que perdurariam por muitos dias: estava ali um sonho se materializando em frente aos meus olhos. Eu finalmente estava no ponto zero do Caminho Francês que leva a Santiago de Compostela. Mais uma vez, assim como fizera em Madri, ajoelhei-me e pedi a Cristo e a São Francisco de Assis que guiassem meus passos e me dessem força para suportar as dificuldades do Caminho. Afinal de contas, mais de 800 quilômetros me aguardavam e eu realmente não fazia ideia se teria capacidade de aguentar caminhar tão longa distância.

Saint-Jean-Pied-de-Port é a melhor descrição de uma cidade charmosa em seus pequenos detalhes. Os muros e as casas medievais harmonizam-se com suas ruas estreitas, pavimentadas com pedras já desgastadas pelo tempo. Esse é o caso da rua principal, *La Citadelle*, que há séculos registra a vibração dos peregrinos que lá chegam para partir na direção de Santiago de Compostela.

Não perdi tempo e logo fui à secretaria da Associação de Amigos do Caminho de Santiago para carimbar minha *Credencial del Peregrino* – peregrinos precisam de uma credencial para garantir sua Compostelana[*] ao final da jornada. Para tanto, a credencial precisa ser carimbada em todos os refúgios e paragens de passagem dos peregrinos.

Na secretaria fui gentilmente recebido pelo senhor Phillipe Beaubreuil, que, além de me dar todas as informações necessárias sobre o Caminho, colocou o primeiro carimbo em minha credencial. Ele ainda fez questão de me mostrar, pregada a uma parede, a lista com o controle de entrada de peregrinos brasileiros por Saint-Jean em direção a Santiago de Compostela – em 2017, o Brasil ocupou a 11ª posição. Orgulhoso, Phillipe também comentou que o filho morava em São Paulo, no bairro de Vila Mariana, e que era funcionário de uma grande empresa.

Infelizmente não tive a oportunidade de conhecer a lendária hospitaleira Madame Debril, que morrera há

---

[*] A Compostelana (*La Compostela*) é o tradicional certificado de peregrinação conferido pela Arquidiocese de Santiago de Compostela aos peregrinos que tenham percorrido as distâncias mínimas exigidas do caminho que leva ao túmulo do apóstolo Tiago.

mais de 20 anos, mas conheci o carismático Phillipe, que foi muito educado e prestativo em seu atendimento.

Alicia, a dona do Albergue La Bendicion (a bênção), no qual pernoitei, recebeu-me de forma afetuosa e educada quando bati à porta na *Rue de la Citadelle*, 13, muito próximo da Associação de Amigos do Caminho.

Como eu fora o primeiro peregrino a chegar naquele dia, fiquei conversando alguns minutos com aquela simpática hospitaleira de olhar sincero. Em determinado momento ela fez uma pergunta para a qual eu ainda não estava preparado, mas que dali em diante seria habitual ouvir:

– O que busca no Caminho?

– O que busco no Caminho? – titubeei e repeti a pergunta, tentando ganhar tempo.

– Sim – disse ela, sorrindo.

Percebi que ainda não havia formulado uma resposta para uma eventual abordagem sobre o que efetivamente me levara a fazer o Caminho de Santiago de Compostela.

– Eu...

– Não precisas responder. Apenas busca encontrar-te contigo mesmo e terás a resposta às tuas próprias indagações, que estão aí, dentro do teu coração – disse ela de forma compreensiva, como quem já estivesse habituada àquele tipo de situação.

Depois disso, Alicia sorriu e mudou de assunto. Contou-me orgulhosa a história do Pepe, um famoso peregrino que mora em Santiago de Compostela e já fez o Caminho 32 vezes. Há cinco anos ele se hospeda em seu albergue.

– Pepe costuma chegar todo dia 12 de junho! E é o único peregrino que não faz reserva.

– Então você já deixa uma cama reservada pra ele? – perguntei, interessado em saber um pouco mais sobre o Pepe.

– Sim, Pepe é da casa. Se não tem cama, ele vai pra outro refúgio; por isso, sempre preciso me organizar para a data em que ele chega – respondeu ela.

– Então este ano será a 33ª vez dele. Isso é bastante simbólico...

– Sim, muito! A idade de Jesus Cristo. Até já me parece que escuto a voz do Pepe chegando – disse Alicia, sorrindo.

Depois de organizar minhas coisas no albergue da Alicia, resolvi sair para conhecer um pouco mais de Saint-Jean-Pied-de-Port. Ao parar para comer um sanduíche de *foie gras* na rua principal, conheci o jovem padre Frederico. Ele identificara a pequena bandeira do Brasil costurada em meu colete e rapidamente puxou conversa. Disse que era do Rio Grande do Norte e que estava fazendo o Caminho pela segunda vez. Àquela altura eu ainda não sabia que ele era padre. Só vim a descobrir algum tempo depois, quando novamente nos cruzamos no pequeno centro histórico de Saint-Jean-Pied-de-Port e, entre uma conversa e outra, ele discretamente me disse que estudara em Roma.

No mesmo ponto de venda dos sanduíches também chegaram os dois americanos de Nova York, e ficamos os quatro conversando por algum tempo. Diferentemente dos americanos que planejavam caminhar apenas até Burgos, o jovem padre, assim como eu, almejava ir até

Santiago de Compostela. Que Deus também o abençoe, pensei, sem saber que ali estava um amigo com quem passaria a conviver no Caminho.

Já no final do dia, resolvi dar mais algumas voltas nas ruelas de Saint-Jean – acho que por ansiedade, mas também uma tentativa de registrar tanto quanto possível aquele momento que estava vivendo. Parei na *Pont d'Eyheraberry*, sobre o Rio Nive, e lá permaneci sozinho, por uns bons 15 ou 20 minutos, contemplando o lençol d'água passar. Agradeci a Deus por estar vivo. Agradeci por compreender que, de uma forma que não podia explicar, sempre soubera que algum dia eu estaria ali, naquele lugar mágico.

Cidade de Saint-Jean-Pied-de-Port.

Cidade de Saint-Jean-Pied-de-Port.

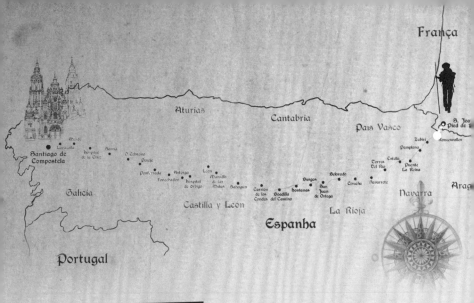

4 DE JUNHO
SAINT-JEAN-PIED-DE-PORT – RONCESVALLES
PRIMEIRO DIA DE CAMINHADA

Acordara muitas vezes durante a noite que antecedeu o início da caminhada. Estava apreensivo com o primeiro e mais duro trecho que tinha pela frente. Desde a Antiguidade a cadeia montanhosa dos Pireneos representava um temível desafio aos peregrinos que se aventuravam em sua travessia. Como alguém diante de uma prova, sentia um misto de ansiedade, medo e entusiasmo de imaginar que, em pouco tempo, seria testado na mais difícil das etapas do Caminho que leva a Santiago de Compostela.

Já estava com a mochila pronta quando Alicia serviu o desjejum, às 6h15. Não me demorei e em 15 minutos despedi-me dela e de um casal de peregrinos de Bilbao, que partiriam de bicicleta na direção da casa do apóstolo. Na porta do refúgio, Alicia deu-me um abraço fraterno e desejou "bom Caminho!". Agradeci pelo carinho e prometi um dia voltar com um exemplar do livro que ambicionava escrever, caso fosse bem-sucedido em minha jornada. A *Rue de la Citadelle* estava silenciosa e deserta naquela hora da manhã. Respirei fundo enquanto dava os primeiros passos a caminho do desconhecido.

O *Porte Saint Jacques*, declarado pela Unesco como Patrimônio Mundial da Humanidade, é o ponto tradicional de partida de peregrinos de todo o mundo. Quando lá cheguei, os americanos Arthur e Kevin já me aguardavam inquietos para seguirmos juntos pela Rota de Napoleão.

No início do século XIX, o exército do grande imperador francês também passara por ali quando invadira a Espanha, motivo pelo qual a rota fora batizada com seu nome. Existem dois percursos que levam a Roncesvalles, mas a rota napoleônica é de longe a mais bonita. Não há florestas, apenas montanhas. Talvez por isso tenha sido a escolha das tropas de Napoleão – passar em locais em que não houvesse surpresas nem emboscadas inimigas.

No albergue de Orisson, depois de mais de duas horas, tive uma sensação inspiradora. Havia parado no deque do refúgio para contemplar a vista ali de cima e também para escrever sobre as primeiras impressões daqueles difíceis quilômetros iniciais de subida. Logo em seguida, fui abastecer meu cantil com água e organizar a mochila para seguir viagem. Já estava de partida quando me lembrei de que não havia tirado nenhuma foto daquelas magníficas montanhas à minha frente. A contragosto, tirei novamente a mochila das costas e voltei à plataforma em que havia parado para escrever. Ao olhar para o chão, ali estava meu santinho da imagem de São Francisco de Assis, que traz sua inspiradora oração no verso. Minutos antes eu o deixara cair do caderno de anotações. O curioso é que o deque é grande e havia outros lugares até mais adequados para tirar fotos. Além disso, o santinho havia caído entre duas tábuas distanciadas entre si, estava pendurado e quase atravessando o assoalho – nunca saberia onde o havia perdido se não o tivesse encontrado ali caído. Entendi aquilo como se fosse um sinal, uma mensagem que dizia: você não está sozinho.

Estava finalmente deixando Orisson quando vi chegando, esbaforido, o padre Frederico. Cumprimentou-me e, em ato contínuo, manifestou uma sincera preocupação com a dificuldade que teve para alcançar aquele ponto, dando a entender que o cansaço era tanto que já esgotara quase todas as forças físicas – e estávamos a menos de 800 metros de altitude, praticamente metade da subida que ainda tínhamos pela frente. Em seguida, ele entrou no bar do refúgio para descansar e tomar um café. Desejei boa sorte e continuei a caminhada, imaginando que a parte mais árdua ainda estava por vir.

Existem muitas histórias de peregrinos que se perdem nos Perineus devido a falhas na sinalização do Caminho, associadas aos não raros dias de névoa das cordilheiras. No inverno, muitas vezes encobertas pela neve, as setas indicativas ficam escondidas e os peregrinos perdem a orientação. Consequentemente, devido ao frio e ao esgotamento físico, jamais alcançam Roncesvalles. Algumas cruzes enterradas à margem do Caminho são a prova de que as tais histórias são reais. Naquele dia, apesar da leve neblina, não tive qualquer receio. Muitos rebanhos de ovelhas pastavam indiferentes aos peregrinos silenciosos que por elas passavam. Era primavera e as montanhas dos Perineus estavam floridas, o que me fizera parar diversas vezes para longos momentos contemplativos naquele cenário exuberante e bucólico. Também aproveitava aquelas paradas para esperar os peregrinos americanos, que vinham mais devagar. No fundo, estava pondo um freio em meu ímpeto e exercitando minha paciência. Permitia-me uma espécie de prática meditativa que, ao longo dos dias, amadureceu muito dentro de mim. E nem mesmo a forte chuva que iniciara na metade daquele trajeto me fez acelerar. Lentamente começava a perceber que o Caminho de Santiago nos ajuda a mergulhar em um silencioso e particular universo de paz espiritual.

Em Col de Lepoeder, já em território espanhol, alcança-se o ponto mais alto dos Perineus, a 1.430 metros. Ainda não sabia, mas o mais difícil estava por vir: os cinco quilômetros finais. Logo no início de uma descida escarpada, comecei a sentir uma forte pressão nos joelhos. Minhas pernas, fatigadas, tremiam enquanto eu tentava manter a concentração para não cair na trilha de pedras molhadas, pontiagudas e irregulares no meio da mata. Foi um grande alívio, depois de muita tensão, sair do bosque e deparar com o enorme albergue. Foi como encontrar um oásis – havia lido isso em um guia de um peregrino[*], e era verdade. Chegar a Roncesvalles depois de oito horas de caminhada é mesmo como encontrar água no deserto.

---

[*] AGRELA, Daniel. *O guia do viajante do Caminho de Santiago* – Uma vida em 30 dias. São Paulo: Évora, 2013.

O imponente refúgio Real Colegiata é parte de um grande mosteiro fundado no século XI, com mais de 260 leitos bem distribuídos e organizados. Aprendi no primeiro dia o que deveria se repetir por quase todo o caminho: quando se chega aos albergues, as botas ficam logo na entrada. E naquele primeiro dia tinha um motivo a mais para deixar as botas do lado de fora. Elas estavam embarradas e encharcadas. Mas o que mais me impressionou na chegada a Roncesvalles foi o início do processo de desapego. Depois de atravessar os Perineus com uma mochila pesada às costas, os peregrinos chegam à conclusão de que há coisas que devem ser deixadas no Caminho. No albergue havia uma mesa na qual se podiam depositar as sobras e aliviar o peso das mochilas. Eu, por exemplo, devo ter deixado lá mais de um quilo de coisas inúteis, desprendendo-me de mais de 10% do peso que estava carregando. Naquele final de tarde, depois de tomar banho, sentia muitas dores nos pés, nas pernas e nas costas, mas ao mesmo tempo sentia que algo de muito bom estava se operando dentro de mim. Estava tendo a oportunidade de ver a vida sob outra perspectiva.

A *Iglesia de Santa María* de Roncesvalles fora originalmente construída no século XIII, em estilo gótico, mas, depois de sofrer um incêndio no século XVII, muitas de suas partes foram remodeladas em estilo barroco. O que se vê, entretanto, é uma maravilhosa expressão arquitetônica, talvez uma das mais belas igrejas do Caminho que leva a Santiago de Compostela. A missa, denominada Bênção aos Peregrinos, contava com a participação do grupo de música sacra da Universidade de Yale, em Connecticut,

Estados Unidos. Quando entrei na igreja, minutos antes de começar a celebração, não consegui conter a emoção contagiante e acolhedora embalada pelo coral de vozes. Em lágrimas, olhei rapidamente ao redor e lá estavam muitos dos peregrinos que vira durante o dia, tão emocionados quanto eu. No palco central, surpreendi-me ao avistar o padre Frederico entrando com os demais sacerdotes para concelebrar a missa. Depois de um dia de intenso sacrifício, ele também havia vencido e dava sua prova de fé e perseverança. São os milagres do Caminho, pensei, antes de sentir os olhos lacrimejados novamente.

Atravessar os Perineus foi talvez a coisa mais desgastante fisicamente que eu já fizera na vida, mas também a mais emocionante. Mesmo sabendo que se tratava apenas do primeiro dia, foi possível testar meus limites físicos naqueles 26 quilômetros percorridos. Já não importavam mais os desafios que ainda teria pela frente – eu estava muito agradecido a Deus por ter resistido bravamente e, sobretudo, por estar ali, vivendo aquele momento único.

Na saída da missa ainda me sentia numa espécie de êxtase espiritual. Fui jantar com outros peregrinos e tivemos um bom momento de descontração. Também estava à mesa o casal George e Rosa, que havia chegado mais cedo em Roncesvalles. Brindamos com vinho da Navarra a conquista do temível primeiro dia de peregrinação.

Subida dos Perineus.

Caminho nos Perineus.

5 DE JUNHO
RONCESVALLES – ZUBIRI
SEGUNDO DIA DE CAMINHADA

Bem antes das seis da manhã, quando começa a movimentação de peregrinos, eu já estava acordado, tentando fazer alguns exercícios de alongamento nos braços e pernas. Quando fui ao banheiro trocar de roupa, percebi, por uma veneziana semiaberta, que a temperatura havia caído vertiginosamente: em nada se parecia com os bons 18°C ou 20°C médios do dia anterior – lembrando que Roncesvalles ainda está a quase mil metros de altitude. Resignei-me e coloquei a calça úmida e as botas molhadas. Além do frio, uma chuva fina e nada convidativa espreitava os peregrinos na saída do refúgio. Tomei um rápido café da manhã e entendi que não valia a pena esperar por uma estiagem.

Atravessando a rodovia por onde se alcança a primeira trilha, uma placa indicativa informa que faltam 790 quilômetros até Santiago de Compostela. Parei lá para tirar uma foto; afinal de contas, já vira tantas vezes aquela placa em vídeos, livros e revistas que também senti vontade de fazer meu próprio registro da imensa distância que intencionava vencer nos próximos 30 dias de caminhada.

Os pouco mais de 20 quilômetros que separam Roncesvalles de Zubiri são relativamente tranquilos se comparados ao percurso do primeiro dia, muito embora tenham também suas adversidades particulares, representadas por subidas e descidas que exigem muita concentração e cuidado. Meu cajado, que havia comprado em Saint-Jean-Pied-de-Port, mais uma vez estava sendo colocado à prova. Naquela manhã, depois de algum tempo, começou a chover a cântaros. Devido ao capuz da capa de chuva e aos meus óculos molhados, minha visibilidade ficou bastante prejudicada. Ainda assim, estava atento ao verde dos bosques que, em alguns trechos do Caminho, formavam lindos túneis naturais.

A subida até o vilarejo de Espinal talvez tenha sido a mais difícil, mas antes disso passei pelo pequeno e simpático povoado de Burguete, cheio de casinhas brancas com brasões nas fachadas e muitas floreiras nas janelas. Essa charmosa vila, edificada no século XVII, costumava receber o escritor Ernest Hemingway enquanto ele descansava das festas de San Fermín, em Pamplona. Em seu livro *O sol também se levanta*, Hemingway faz uma bonita homenagem ao vilarejo quando fala das boas pescarias de truta no Rio Irati, das noites agradáveis que passava jogando *bridge* e dos dias quentes de verão que sempre sopravam uma brisa leve e refrescante. Eu lera esse livro há mais de 20 anos e me surpreendi com a lembrança de detalhes quando cruzava Burguete.

Aos poucos a forte chuva foi dando trégua. Quando cheguei ao povoado de Lintzoain, já exausto, encontrei uma fonte d'água na rua principal. Havia percorrido mais da metade do percurso programado e, finalmente, a chuva cedera lugar ao sol, que, modesto, encontrava seu espaço por entre o cinza das nuvens no céu. Descansei um pouco, não mais de cinco minutos, agora já sentindo menos frio e com a visibilidade totalmente restabelecida, o que me permitiu desfrutar melhor aquela paisagem inspiradora das montanhas. Desde a saída de Roncesvalles, cruzara com diversos rostos de peregrinos do dia anterior. Alguns ficavam para trás e outros me superavam, às vezes até com muita facilidade. Mas o Caminho não é uma competição. Cada peregrino conhece seu próprio ritmo, fazendo suas paradas, suas escolhas e a sua busca ao longo da caminhada. Em momentos de silêncio absoluto – algumas vezes apenas quebrado pelo cantar dos pássaros ou o correr das águas de algum riacho –, eu aproveitava para mergulhar em minhas reflexões. Sentia que estava me aproximando de mim mesmo, estava contente, aquilo estava me fazendo muito bem. Exceto por uma resvalada que quase me custou um tombo forte, trazendo-me de volta à realidade, tudo o mais correra em perfeita harmonia.

Ao chegar a Zubiri, por volta das 13h, antes de atravessar uma bonita ponte medieval de acesso à cidade, cogitei continuar seguindo as setas amarelas até o povoado de Larrasoaña, quase seis quilômetros depois. Não obstante, embora ainda fosse cedo e eu tivesse consideráveis condições de caminhar um pouco mais, estava iniciando um processo de autoconhecimento e era sensato que respeitasse o que traçara a princípio. Ao planejar a viagem, havia decidido que até o quinto dia seguiria *ipsis litteris* o protocolo recomendado pelo meu livro-guia do Caminho. E foi o que fiz. Calmamente atravessei a *Puente de la Rabia* (ponte da raiva) e me sentei à margem do Rio Arga. Tirei as botas e mergulhei os pés na correnteza de suas águas cristalinas e geladas. Não sei por quanto tempo fiquei ali, mas sem dúvida foi a coisa mais prazerosa que fiz naquele dia.

Embora o padre Frederico tivesse me enviado uma mensagem de WhatsApp sugerindo um albergue particular de baixo custo, optei pelo refúgio municipal. Havia boas camas e eu não precisava de muito mais além de um bom chuveiro com água quente e um lugar para secar algumas roupas ainda molhadas das chuvas nos Perineus (é o que acontece com peregrinos de primeira viagem que não fecham bem a mochila).

Ouvira dizer que Zubiri, em basco, significa "povo da ponte". Aliás, segundo uma lenda local, durante a construção da *Puente de la Rabia*, no século XI, encontraram lá os restos de uma jovem, os quais foram atribuídos a Santa Quitéria, cujos milagres consistiam em curar a raiva. Assim, sempre que os moradores levavam seus animais contaminados para dar voltas embaixo dos arcos da ponte, eles ficavam curados.

No refeitório do albergue, enquanto dividíamos os comes e bebes, conheci novos peregrinos: duas jovens, Cristina e Noémie, a primeira espanhola e a outra francesa; e os parceiros Joaquim e Xavier, ambos de Bilbao. Falamos de nossos países, diferentes línguas e culturas. E falamos sobre a pergunta com que já começava a me acostumar: o porquê de estar fazendo o Caminho. As duas jovens estavam em conflitos pessoais, tinham aproximadamente 20 anos de idade e faziam o Caminho mais ou menos pelo mesmo motivo: precisavam pensar se continuariam em seus cursos ou se investiriam em outra formação universitária. Joaquim, de aparência introspectiva, fazia o Caminho pela primeira vez, mas sem um motivo especial além de viver uma experiência diferente e poder andar com o amigo. Xavier era animado e simpático, bebia e falava rápido. Ele já havia percorrido o Caminho a partir de León, mas desta vez o plano era fazer o percurso por completo, ou seja, de Saint-Jean-Pied-de-Port até Santiago de Compostela. Mais tarde os americanos também chegaram e contaram as dificuldades do dia. Arthur sentia fortes dores nos pés e na coluna. Relatei meu momento terapêutico na chegada a Zubiri e ele resolveu também sair para mergulhar os pés na margem do rio. Acompanhei-o – ficava próximo, menos de 200 metros de distância, e eu já havia passado um tempo razoável socializando com outros peregrinos. Descobri que Arthur caminhava devagar porque ainda convalescia de uma cirurgia que fizera nas costas meses antes. Tirara duas semanas de férias para fazer parte do Caminho e também para tentar perder peso, uma fisioterapia natural que, sem dúvida, faria bem para sua saúde e recuperação.

De volta ao refúgio, próximo à porta da entrada, vi uma jovem inglesa em uma atividade inusitada. Ela colocava grãos de arroz dentro das botinas. Achei aquilo curioso e, não fosse pela camiseta que ela usava ter chamado minha atenção, penso que ignoraria a cena. Aproximei-me e educadamente perguntei:

– Com licença, por que você está fazendo isso?

– Porque eu acho que ajuda a secar mais rápido – disse ela, sem muita convicção do que fazia.

– Mas será que funciona?

– Não sei, mas foi o que me veio à cabeça e resolvi fazer.

– OK, então boa sorte! – respondi, sorrindo.

Se dependesse da criatividade dela, pensei, certamente iria funcionar. Antes de sair resolvi perguntar se ela gostava do Joy Division, que estava estampado em sua camiseta. Respondeu-me, sorrindo, que era fã e me perguntou se eu conhecia as músicas deles. Disse que sim, mas que não conhecia nenhuma banda de rock com profundidade. Concluí dizendo que no Brasil tinha um amigo que era muito fã do Joy Division. Mas ela não pareceu surpresa e completou dizendo que eles eram conhecidos no mundo inteiro.

Despedi-me e mais uma vez desejei boa sorte. Na manhã seguinte, já na saída do refúgio, vi a jovenzinha colocando as botinas ainda molhadas.

– E então? – perguntei.

– Acho que estão melhores do que se não tivesse colocado arroz.

– Ótimo!

Desejei bom Caminho e segui viagem.

Puente de la Rabia.

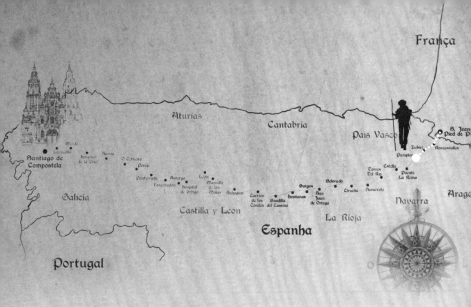

6 DE JUNHO
ZUBIRI – PAMPLONA
TERCEIRO DIA DE CAMINHADA

Dormira mal na noite anterior. O beliche no qual estava rangia alto cada vez que eu ou a pessoa da cama de baixo se mexia. Acordei à meia-noite achando que já eram sete da manhã e acabei não conseguindo pegar no sono até as quatro da madrugada. Ainda assim, por volta das 6h30, já estava pronto para sair.

Caminhei por quase um quilômetro quando me dei conta de que esquecera meu cajado, carinhosamente batizado de Wilson. Logo retornei para buscá-lo no albergue. Estávamos nos tornando bons companheiros. Desde os Pireneus, sempre quando havia uma boa paisagem, lá estava o charmoso Wilson para dar um tom de peregrinação às fotos. Mas claro que, além de confidente, ele cumpria muito bem sua função de apoio nas subidas e, principalmente, nas descidas em trechos irregulares.

O fato de ter retornado para buscar o Wilson fez com que eu me encontrasse com o padre Frederico na saída de Zubiri. Seguimos caminhando juntos e nossas primeiras conversas não poderiam ter sido diferentes: falamos sobre religiões, espiritualidade e dogmas da Igreja Católica. Ao mencionar alguma história sobre o papa João Paulo II, ele usou como exemplo o caso da canonização de Josefina Bakhita. Eu nunca ouvira falar naquela santa, mas uma rápida menção ao nome e à história dela tinha sido suficiente para me deixar intrigado. Mais tarde, já no refúgio, resolvi pesquisar sobre a vida e a obra daquela mulher que, quando menina, fora raptada, torturada e humilhada. Enfrentou todas as angústias da escravidão e ainda assim se transformou em um exemplo de amor e perseverança.

Santa Josefina, cujo sobrenome Bakhita significa "afortunada", nascera no Sudão, região de Darfur, África, no ano de 1869. Aos 7 anos de idade, ela foi arrancada de sua família pelos negreiros e depois vendida por cinco vezes. Passando de mão em mão, com apenas 14 anos foi comprada por um agente do Consulado Italiano e levada à Itália, sendo cedida à senhora Turina Michieli. Em novembro de 1889, aos 20 anos de idade, Bakhita teve a oportunidade de voltar para a África, mas se recusou, preferindo se entregar à causa cristã. Em sua vida, a despeito de tudo que passara, dedicou-se com afinco à ajuda aos mais necessitados, sabendo confortar os doentes, os pobres e a encorajar todos os que vinham bater à porta de sua comunidade. Na velhice e na doença também soube dar testemunho de fé, bondade e esperança, sempre aceitando, abnegada, a vontade de Deus. Bakhita faleceu no ano de 1947 e, entre seus milagres, está o caso de uma brasileira, Eva da Costa, que, em 1992, corria o risco de ter de amputar uma perna em razão do diabete. Mas, durante uma novena pela beatificação de Josefina, Eva rezou e pediu: *"Bakhita, assim como você já foi escrava e depois liberta, liberte-me desta doença que me aprisiona há tantos anos".*

Logo ela sentiu as dores passarem, ficando totalmente curada. Feito o trâmite canônico em Santos e entregue às autoridades na Santa Sé, o processo da ex-escrava foi aprovado por unanimidade. Em 1º de outubro de 2000, o então papa João Paulo II canonizou Josefina Bakhita, a primeira santa africana da Igreja Católica.

Seguimos caminhando por uma trilha à margem do Rio Arga. Em alguns trechos, o rio ficava totalmente coberto pelo bosque de árvores altas e copadas, de onde apenas ouvíamos uma confluência harmoniosa entre o som forte das águas e o canto dos pássaros. O sol voltara a aparecer e, mesmo tímidas, algumas borboletas faziam zigue-zague, como que nos convidando a sentir o aroma doce das flores da primavera.

Em Larrasoaña atravessamos a *Puente de los Bandidos*. Havia lido que esse nome deriva dos ladrões que, na Idade Média, aproveitavam a passagem dos peregrinos pela ponte para roubar-lhes os pertences. Foi nessa altura do Caminho que senti que meu joelho direito doía muito. Tentara ignorar o incômodo, mas a dor estava lá. Primeiro uma dor branda, depois intermitente e, por último, já havia evoluído para uma dor forte e aguda nas descidas do trajeto.

Ao passar por Zabaldica, povoado que fica a pouco mais da metade do caminho entre Zubiri e Pamplona, estava tão incomodado com o meu joelho que não me lembrei de parar para visitar a *Iglesia de San Esteban*, construída no século XIII e mantida por religiosos do Sagrado Coração de Jesus. Meu livro-guia do Caminho recomendava a visita. Dizia que os peregrinos costumam parar lá para deixar agradecimentos e pedidos, mas que deviam seguir a tradição, subir até o alto da torre e tocar o sino.

Ao chegar a Pamplona, já estava me arrastando. Começava a surgir ali aquilo que eu mais temia: a possibilidade de não conseguir continuar no Caminho. Quando alcançamos as monumentais muralhas da cidade, não tive ânimo nem para tirar uma foto de um dos pontos mais bonitos do Caminho de Santiago – eu já não conseguia mais andar.

Entramos no centro da cidade pela *Calle Carmen* e, logo em seguida, avistamos o refúgio privado Casa Ibarrola. Uma placa externa indicava que ainda havia sete vagas ao custo de 16 euros, com café da manhã incluso. O padre Frederico também estava em seu limite físico e resolvemos que o melhor era ficar por ali mesmo, em vez de sair procurando pelo albergue municipal. A decisão não podia ter sido mais acertada. Naquela altura eu só precisava de uma ducha de água quente e um bom tempo para descansar meu joelho. Depois do banho, preocupado, saí para comer um *bocadillo*[*] próximo ao albergue e retornei em seguida.

---

[*] Termo espanhol para designar um sanduíche preparado com pão de trigo em forma de baguete, com recheios quentes ou frios.

Ainda era cedo, talvez não mais que duas da tarde, quando tomei um relaxante muscular e resolvi deitar um pouco. Seguindo recomendações de quem já passara pelo mesmo tipo de problema, deixei a perna direita elevada em cima de um travesseiro. Porém, a cada movimento, sentia vontade de chorar de dor. Era uma latente dor física, mas também uma dor na alma. Eu caminhara não mais que 65 quilômetros, o que não representava nem 10% do percurso até Santiago de Compostela. Muita coisa passava em minha cabeça: aflição, medo e uma tremenda incerteza sobre se seria capaz de seguir em frente. Depois de dormir um pouco, levantei e passei gel anti-inflamatório no joelho, que mal conseguia dobrar. Continuei apreensivo e compreendi que precisava sair para andar um pouco. Caminhei intranquilo pelas ruas estreitas e charmosas do centro de Pamplona. Não me animei a nenhuma visita específica – o máximo que fiz foi tirar uma foto do bonito prédio da prefeitura da cidade, que fica localizado na praça para onde, na Idade Média, três bairros unificados convergiam: Navarrería, San Saturnino e San Nicolás.

Naquela noite, padre Frederico e eu jantamos *pinchos** com vinho da Navarra no bar Kiosko, na famosa *Plaza del Castillo*. Os *pinchos* não eram dos melhores, mas harmonizaram bem com vinho tinto. Achei engraçado quando, descontraidamente, o padre disse que o vinho da Navarra era selvagem, uma expressão para indicar

---

* *Pincho* é uma fatia de pão sobre a qual se coloca uma pequena porção de peixe, por exemplo, prendendo-a com um palito. Tradicionais na gastronomia espanhola, os *pinchos* podem ser frios ou quentes e geralmente são acompanhados de vinho ou cerveja, como aperitivos.

que o vinho é forte e consistente. Conversamos sobre alguns temas polêmicos da Igreja, como, por exemplo, a Teologia da Libertação. Admirei o quanto o padre mostrava-se comedido e circunspecto. Claro que estávamos nos conhecendo, mas já dava para perceber o quanto ele era cuidadoso com as palavras, um sacerdote zeloso, pensei.

A Teologia da Libertação perdeu força nas últimas décadas, mas merece respeito pelo caráter social que sempre defendeu. O problema de sua não aceitação na Igreja reside no fato de misturar religião com política no momento em que busca fazer uma leitura sociológica do Evangelho. Não só isso. Para muitos católicos, a Teologia da Libertação tende a fazer uma nova interpretação do cristianismo ao negar a fé e a ressurreição de Jesus, reduzindo o transcendental a um materialismo marxista. É aí que começam os conflitos. Na década de 1980, o então cardeal Ratzinger escreveu que a Teologia da Libertação era a pior de todas as heresias por criar um cristianismo falso.

Polêmicas à parte, entendi que o padre Frederico acreditava na Teologia da Libertação baseada na doutrina social da Igreja, defendida pelos papas João Paulo II e Bento XVI. Uma teologia positiva que acredita na ação divina, na qual os milagres existem e que Deus age em sua graça, sem deixar de crer e defender que se deve ensinar o homem a pescar em vez de lhe entregar o peixe.

Ainda pensava no assunto quando fui surpreendido pela pergunta do padre:

– Você é católico, peregrino?

No começo fiquei um pouco na dúvida sobre o que responder.

– Sim e não. Sou batizado na Igreja Católica. Sou devoto de São Francisco de Assis e de Santa Paulina e acho que me considero um cristão do Sermão da Montanha.

– Explica isso.

– Pra início de conversa, eu sou divorciado, então pelos critérios vigentes da Igreja não posso ser católico – disse em tom descontraído, antes de continuar. Mas na verdade este pode ser um bom exemplo. Na Igreja Católica não pode muita coisa. Não pode ter uma segunda mulher, não pode usar camisinha, não pode aceitar o aborto, e por aí vai. Creio que com o papa Francisco a Igreja está dando um passo revolucionário quando ele chega e diz: "Se a pessoa é gay, procura o Senhor e tem boa vontade, quem sou eu para julgá-la?". Pelas palavras dele, eu entendo que a pessoa pode ser gay e não precisa estar excluída do catolicismo. Assim como o fato de eu ser divorciado e cristão ao mesmo tempo, mesmo que seja à minha maneira.

– Entendo. Mas e o Sermão da Montanha?

Compreendi que ele não estava concordando, tampouco sendo omisso, estava apenas esperando que eu concluísse minha resposta.

– Sou uma pessoa honesta. Sou perfectível, busco todos os dias ser tolerante e generoso, busco ser sincero, busco ser justo, busco perdoar e amar o próximo, mesmo que às vezes isso não seja fácil. Enfim, acredito que o amor de Cristo vale para todos os seres humanos, sejam eles católicos, evangélicos ou adeptos de outras religiões. Basta praticar e seguir seus ensinamentos. Em outras palavras, como disse certa vez o Dalai Lama, eu acredito que a única religião verdadeira consiste em ter um bom coração.

– Realmente, isso tudo está lá no Sermão da Montanha – disse o padre, antes de continuar. – Mas entenda! Existem as leis de Deus e existem as leis da Igreja. E para tudo há uma explicação. A Igreja não fala para o mundo, defendendo que isso é certo e aquilo é errado. Não, a Igreja fala para os fiéis, orientando-os na fé em Cristo e na defesa do amor e da tolerância.

Ele parou de falar por um instante e eu propus que retornássemos ao albergue. Percebi que a conversa poderia ter ido muito mais longe, estava agradável, mas estávamos cansados, e no dia seguinte acordaríamos cedo. Na chegada ao refúgio, voltei-me para minhas dores e aflições em relação ao meu joelho. O dia seguinte era incerto, e mais do que nunca eu precisava confiar na providência divina.

Wilson nos campos de trigo.

Ruas de Pamplona.

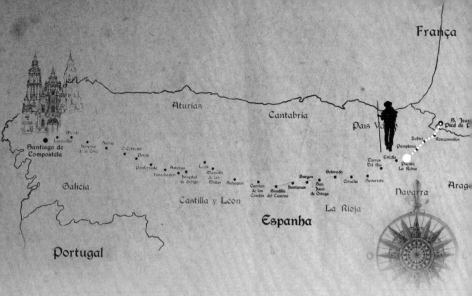

7 DE JUNHO
PAMPLONA – PUENTE LA REINA
QUARTO DIA DE CAMINHADA

Por alguma razão, tempos atrás, havia comprado uma joelheira na cidade do Porto. Lembro-me de que entrara na farmácia procurando por um creme de cabelos quando vi exposta uma prateleira com produtos terapêuticos feitos a partir de fibras de bambu. Achei interessante. Tinha de tudo – tornozeleiras, cotoveleiras, caneleiras –, mas intuitivamente comprei uma joelheira, afinal de contas não custaria nada colocar na mochila para o projeto futuro que intencionava fazer. Se não fosse para mim, poderia ajudar algum peregrino pelo Caminho. Meses se passaram e lá estava eu sentindo uma dor enorme naquela madrugada em Pamplona, quando me lembrei da joelheira guardada em um dos compartimentos da mochila. Parecia um sonho. Fiquei emocionado e entendi aquele momento como um novo sinal de que não estava sozinho. Como poderia saber, cerca de dois ou três meses antes, que iria precisar de uma joelheira? Imediatamente tirei-a da embalagem e a vesti. Parecia que aquela peça elástica de fibras de bambu havia sido feita sob medida para o perímetro do meu joelho.

O dia nem havia amanhecido quando saímos de Pamplona, pouco depois das seis da manhã. Ao atravessar o centro da cidade, mesmo com a joelheira bloqueando a flexão do joelho, estava me remoendo de dor. Imaginei que pudesse ter rompido os tendões e que o Caminho havia acabado para mim, a menos de 300 metros do albergue. Lembro-me de ter concordado com algum comentário que o padre Frederico fizera sobre a cidade, mas já não passava mais nada em minha cabeça que não fosse parar e desistir. Pensei em talvez repousar um dia ou dois para aguardar e ver se melhorava – e, por prudência, era o que de fato deveria ter feito. Meu joelho não aguentava tamanho esforço, eu havia perdido a batalha. Chorei em silêncio, sem demonstrar. Por outro lado, no meu íntimo, algo dizia que eu deveria seguir em frente. Lembrei-me de um ditado chinês segundo o qual não há vitória sem perseverança, e eu precisava resistir àquela provação. Pedi forças a Jesus e a São Francisco de Assis. Escondi minha dor enquanto pude, até que ficou insuportável e resolvi dizer ao padre para continuar, que eu iria caminhar mais devagar. No fundo, eu queria ganhar tempo para pensar no que fazer. Tantas vezes sonhara com o Caminho, tantas vezes planejara fazê-lo e, de repente, o joelho falhou e eu não conseguiria chegar a Santiago de Compostela.

Já havia tomado um anti-inflamatório depois do café da manhã e resolvi também tomar um relaxante muscular – alguma coisa deveria fazer efeito. O padre foi paciente e se dispôs a caminhar lentamente ao meu lado. Com o uso da joelheira já não precisava flexionar tanto a perna, e seguramente aquilo contribuiu muito. Pouco a pouco, sentia que a dor estava passando. Também a distração de nossas conversas metafísicas ajudou-me a ignorar o sofrimento. Aquele alívio, mesmo que temporário, me fez refletir profundamente sobre o quanto ignoramos os milagres da vida. Acordar pela manhã, sentir-se saudável e forte, saindo para encarar o mundo, enfrentar nossas lutas diárias pelo caminho, com força e determinação, isso é uma bênção divina. Há quanto tempo já não agradecia por esses milagres? Foi necessário passar pelo que estava passando para poder olhar para dentro de mim mesmo e agradecer.

Saímos de Pamplona pelos jardins do campus da Universidade de Navarra, atravessando a histórica *Puente de Azella*. Quase chegando a Cizur Menor, hoje convertido em bairro residencial, passamos sem entrar na igreja românica de *San Miguel Arcángel*, datada do século XII. No povoado seguinte, Zariquiegui, há outra igreja românica, dedicada a *San Andrés*, em que, por sugestão do padre Frederico, paramos para uma rápida visita e também para carimbar nossas credenciais. Valeu a pena: a sobriedade do interior da igreja destoa e surpreende em relação à fachada. Dias depois de retornar do Caminho, por coincidência, em uma madrugada insone, assisti na TV Globo ao filme *The Way*, protagonizado pelo ator Martin Sheen e dirigido por seu filho, Emilio Estevez.

Em frente à *Iglesia San Andrés* há uma cena marcante que une três dos principais personagens do filme. Próximo dali, numa pequena padaria, paramos para um café com leite e para comer um delicioso croissant da Navarra, recém-saído do forno. Não resisti e adicionei uma banana no meio do croissant – lembrando-me dos tempos de menino, quando o que mais fazia era me alimentar de pão e banana –, uma excelente fonte de potássio que os peregrinos devem comer diariamente para evitar câimbras e dores musculares.

Antes de pegar a subida para o *Alto del Perdón*, saindo de Zariquiegui, ouvira falar de uma antiga fonte chamada Reniega. Não a vimos, mas, segundo conta a lenda, um demônio disfarçado tentava os caminhantes que por lá passavam, oferecendo-lhes água para que esquecessem o motivo de sua peregrinação. Certo dia, um peregrino sedento cruzou naquele ponto e o demônio prometeu levá-lo à fonte se renunciasse sua fé. O peregrino, firme, rejeitou a oferta. Foi quando viu o apóstolo Tiago, que o levou até a fonte e matou-lhe a sede com sua concha de vieira.

Devido a seu formato, a concha de vieira era usada para beber água durante a Idade Média. Tornou-se símbolo do Caminho de Santiago e de seus peregrinos a partir do relato de um milagre atribuído a São Tiago. Conta a lenda que a barca que levava os discípulos Teodoro e Atanásio, com os restos mortais do apóstolo Tiago, até a costa da Galícia, ficou à deriva devido a uma forte tempestade. Entretanto, um cavaleiro viu a cena e decidiu entrar no mar para ajudá-los, mas ele e seu cavalo foram arrastados por uma grande onda. Ao se sentir afogar, o cavaleiro pediu ajuda ao Céu. O mar então se acalmou e todos foram levados para a terra. Lá chegando, viram que o jovem e o cavalo apareciam cobertos de vieiras, como prova de que o ocorrido tinha sido um milagre do apóstolo.

Quando finalmente alcançamos o *Alto del Perdón*, eu estava contente e um pouco aliviado – minha dor havia passado momentaneamente. Chegara a um dos locais mais emblemáticos do Caminho. No cume da montanha, desde 1996, fica o Monumento ao Peregrino, formado por diversas esculturas metálicas, uma rica homenagem aos caminhantes que por lá passaram ao longo dos séculos. A 800 metros de altitude em relação ao nível do mar (400 metros acima de Pamplona), tem-se uma visão de 360 graus: de um lado está Pamplona e, no outro extremo, enxerga-se a cidade de Puente la Reina. Lá de cima, é possível ter uma boa aproximação com o imenso parque eólico instalado naqueles montes. São os moinhos de vento modernos, já não mais os gigantes enfrentados pelo Cavaleiro da Triste Figura, Dom Quixote, mas tecnologia de geração de energia de um novo tempo.

Durante a descida, por cerca de três ou quatro quilômetros, enfrentamos um trecho extremamente irregular e cheio de pedras soltas. Em algumas partes cheguei a descer caminhando de costas para não forçar o joelho, cuja dor começava a enviar seus sinais. Mais uma vez o Wilson ajudou muito, dando-me apoio e equilíbrio naquele trecho perigoso. Como estávamos lentos e cautelosos, peregrinos passavam facilmente por nós. Um deles, que vinha caminhando sozinho, aproximou-se e puxou conversa. Era o Antonio Donaire, espanhol de Sevilha, capital da

Andaluzia, que fazia o Caminho pela segunda vez; porém, em vez de iniciar em Saint-Jean-Pied-de-Port, resolvera encurtar e partir logo de Pamplona. Andamos juntos por algum tempo e depois ele acelerou, vindo a nos encontrar novamente em Puente la Reina. Castigados pela descida, bebemos água de uma fonte no povoado de Uterga e, calmamente, seguimos caminhando por entre plantações de trigo verde embelezadas pelo toque vermelho das papoulas. Em alguns trechos, à margem do Caminho, muitas rosas coloridas e a trilha sonora dos pássaros também enfeitavam aquela agradável manhã de sol. O joelho voltara a incomodar, mas minha vontade de vencer era mais forte. Sabia que dali pra frente seria assim, um dia de cada vez.

Antes de Puente la Reina ainda passamos por Muruzábal e Obanos, parando apenas neste último povoado para visitar a igreja neogótica de *San Juan Bautista*, que fica já na saída do vilarejo, ao lado de um arco de formato medieval. Estava curioso para conhecer Obanos devido à história que lera sobre a jovem princesa Felícia de Aquitânia.

Reza a lenda que Felícia, aos 17 anos, após ter percorrido o Caminho de Santiago, decidiu renunciar à vida de nobreza e viver em Obanos para ajudar os pobres. Seu irmão, o príncipe Guilherme de Aquitânia, que a acompanhava, não aceitou a decisão e quis obrigá-la a regressar com ele. Como suas tentativas foram inúteis, o príncipe, enfurecido e fora de si, matou-a com um punhal. Devastado de dor e remorso, Guilherme peregrinou até Santiago como penitência, decidindo-se por retornar a Obanos e continuar a bonita obra da irmã.

Por muito tempo eu ficara pensando naquela história. Provavelmente quando fez o Caminho, a peregrina Felícia conseguira olhar com muita profundidade para dentro de si mesma. E, num processo de autorreconstrução, ela ascendeu sua consciência a um ponto tão elevado que passou a ver as coisas de cima, permitindo-se abrir mão do material em nome do espiritual. Movida pelo amor ao próximo, Felícia viveu e morreu por aquilo em que acreditava, e apenas isso já justificaria sua existência. Ao lapidar-se, aprendera que os caminhos do amor são árduos e íngremes, mas ainda assim trilhou-os sem buscar por atalhos. Fora preciso uma tragédia para que o príncipe também elevasse seu espírito e o amor florescesse em seu coração. Os irmãos Felícia e Guilherme viraram santos.

Na entrada de Puente la Reina estava praticamente me arrastando. Eram quase duas da tarde e havíamos sido duramente castigados pelo sol. Eu sabia que a joelheira e o anti-inflamatório haviam ajudado, mas minha força interior estava sendo determinante naquela batalha. O cansaço e o esgotamento físico eram tão grandes que, na entrada da cidade, esquecemo-nos do Monumento ao Peregrino, uma grande estátua de ferro de um peregrino em trajes medievais, com chapéu, capa, vieira e cajado, medindo mais de dois metros de altura, em cuja base de sustentação lê-se: "A partir deste ponto todos os Caminhos de Santiago se transformam em um só". Dos vários caminhos que levam a Santiago de Compostela, naquele ponto se encontram particularmente dois: o trajeto francês e o aragonês.

Agradeci muito por ter alcançado mais aquele trecho do Caminho. Sabia que estava sendo amparado por uma força divina, que conspirava para que eu pudesse seguir na direção da casa do apóstolo Tiago.

Instalamo-nos no albergue municipal Refúgio dos Padres Reparadores. A água quente e acolhedora do chuveiro era o que tinha de melhor. Depois do banho, cogitamos ir a um supermercado e fazer compras para preparar algo para comer, mas fomos advertidos pela hospitaleira que era hora da *siesta* (o comércio na Espanha fecha das 14h às 17h). Restou-nos procurar por um bom *menu del peregrino*, opção que se encontra nos restaurantes do Caminho.

Mais uma vez o Antonio juntou-se a nós. Durante o almoço, contou-nos que era advogado e que estava abandonando o Direito, pois já não conseguia mais se enquadrar na profissão. Resolvera seguir sua vocação artística, que era pintar e fazer cinema. Admirei-o por isso. Também sempre quis escrever, no entanto nunca tive coragem de arriscar.

Na volta do almoço, aproveitei para caminhar um pouco sozinho e conhecer a parte histórica da cidade. Estava curioso para ver a famigerada *Puente la Reina*, construída em princípios do século XII e uma das mais belas obras medievais de toda a Espanha. Depois de fotografar a ponte, aproveitei para entrar na linda *Iglesia del Crucifijo*, ligada ao convento homônimo por um portal em arco gótico. Na mesma rua estreita, está a *Iglesia de Santiago*, edificada em estilo românico no século XII e restaurada no século XVI – foi onde, mais tarde, celebrou-se a missa dos peregrinos com apenas seis participantes. O padre Frederico, comedido, fez bonito na concelebração. A igreja tem um monumental retábulo que impressiona por sua beleza, tendo em destaque a imagem de São Tiago vestido de peregrino.

Depois da missa, encontrei os americanos na rua principal. Kevin chegara cedo, mas Arthur fora um dos últimos a vencer mais aquele longo dia de caminhada. Eram quase 20h quando ele chegou a Puente la Reina; estava acabado e paradoxalmente feliz com a vitória. Decidimos que aquilo era motivo de comemoração e fomos beber uma cerveja gelada no bar próximo ao albergue, onde já estavam os parceiros Xavier e Joaquim, de Bilbao. Depois daquele breve momento de descontração, não voltei a encontrar nenhum deles no Caminho.

Aquela noite foi simplesmente terrível de suportar. Primeiro pela minha dificuldade natural de adormecer na parte superior de um beliche (sem falar no sacrifício de subir e descer com um joelho que mal permitia pisar o chão). Segundo porque o quarto era pequeno demais para acomodar seis beliches. Foi uma grande agonia suportar uma sinfonia de gente roncando em meio a um ar impregnado de flatos e cheiro de álcool, que contribuía para saturar ainda mais a atmosfera do ambiente. Com cuidado consegui abrir a fresta de uma janela e fiquei ali, respirando ar puro e frio da madrugada. Passei praticamente a noite toda acordado, com talvez alguns cochilos irregulares. Pela manhã, por volta das 5h30, começou o movimento e eu já estava de mochila pronta para mais um dia de peregrinação.

Subida do monte Alto del Perdón.

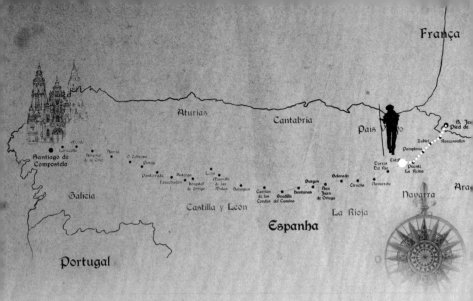

8 DE JUNHO
PUENTE LA REINA – ESTELLA
QUINTO DIA DE CAMINHADA

O dia ainda amanhecia, por volta das 6h, quando atravessamos a *Puente la Reina* na direção de Estella. Nosso pequeno grupo havia aumentado: além do Antonio, passou a caminhar conosco o Samuel Guerrero, americano do Colorado, estudante de Antropologia e descendente de mexicanos. A cinco quilômetros de Puente la Reina alcançamos o povoado de Mañeru, em que na entrada há um cruzeiro medieval com um Cristo crucificado. A partir dali passamos por lindos vinhedos ao longo do Caminho. Comentei com o padre Frederico que, se Deus permitisse, um dia iria retornar como turista, somente para conhecer as vinícolas da região da Navarra e Rioja, cuja província já estava muito próxima.

No vilarejo de Cirauqui – achei curioso o significado deste nome em basco: "ninho de víboras" –, deixamos de conhecer a *Iglesia de San Román*, que possui uma portada românica de influência oriental. Estava disposto a visitá-la – havia lido no livro de um peregrino gaúcho que valia a visita –, mas, distraído, deixara passar. Cirauqui tem aspecto medieval, cheia de ladeiras e belas casas que adornam seus brasões do século XI. Depois do esforço empreendido até ali, paramos por alguns minutos em uma fonte para abastecer o cantil e comer uma banana. Após atravessar uma longa calçada romana na saída de Cirauqui, rumamos para Villatuerta, passando pelo povoado de Lorca. Foram mais de dez quilômetros de boas subidas e descidas, dando bastante trabalho ao meu amigo Wilson. Desta vez, em Villatuerta paramos para visitar a bonita *Iglesia de la Asunción*, construída no século XII em estilo românico tardio, com uma elegante torre-campanário.

Na saída da igreja, já desbravando os últimos cinco quilômetros que faltavam para Estella, o padre me contou um episódio pitoresco que teria acontecido com o recém-eleito papa João XXIII, no ano de 1958. Uma noite, ele saiu discretamente do Vaticano, sozinho, para ir ao Hospital Espírito Santo visitar um amigo padre que estava internado. Ao bater à porta, surgiu a madre superiora, que, emocionadíssima, disse: "Santo Padre, sou a superiora do Espírito Santo". O papa lhe respondeu: "Que grande carreira fez a senhora, madre!".

Angelo Giuseppe Roncalli, conhecido como o Papa Bom, fora eleito bispo de Roma em outubro de 1958, assumindo o nome de João XXIII. Inicialmente, já com quase 78 anos de idade, era considerado um papa de transição, porém, em sua grandeza de espírito, surpreendeu o mundo ao convocar o Concílio Vaticano II, que visava à renovação da Igreja e à formulação de uma nova maneira de explicar a doutrina católica ao mundo moderno. A história da Igreja mostra que o carismático João XXIII foi muito bem-sucedido na reforma empreendida em seu curto pontificado de menos de cinco anos.

E de repente, entre uma conversa e outra, atravessando por longos campos de trigo e flores de papoula, tínhamos chegado a Estella, um povoado que se desenvolveu no século XIII para atender os peregrinos que por lá passassem. Antes de cruzar a bela e curvada *Puente de la Cárcel* (ponte da cadeia), avista-se a *Iglesia del Santo Sepulcro*, a mais antiga da cidade. Construída no século XI, ainda conserva um lindo portão gótico com doze arquivoltas e um conjunto de esculturas da Paixão de Cristo, tendo aos pés da porta a imagem de Santiago peregrino.

Fomos direto ao Albergue Paroquial de San Miguel, a tempo de garantir uma boa cama na parte de baixo do beliche. No geral, o dia havia sido bom e o sol aparecera em todo seu esplendor. Eu continuava sentindo dores no joelho, mas administrava com persistência, anti-inflamatórios e a joelheira, que me dava mais firmeza e confiança para caminhar.

Ouvira falar da igreja românica de *San Pedro de la Rúa*, cujo claustro abrigava um antigo cemitério de peregrinos. Passamos na frente, na volta do almoço, mas estava fechada. Ainda assim reparei na imponente portada de oito arquivoltas, ladeada por oito pares de capitéis. De certa forma foi bom – estava cansado e precisava recuperar um pouco das forças para assistir à missa mais tarde, na *Parroquia San Miguel Arcángel*.

Os hospitaleiros voluntários do refúgio em Estella foram extremamente gentis. Um deles, o mais animado e sarcástico, brincou em tom sério com um grupo de peregrinos americanos recém-chegados, dizendo que só falava espanhol e russo. E que, caso alguém não falasse uma daquelas duas línguas, que fosse embora. Ele devia saber meia dúzia de palavras em russo, o que dava credibilidade à piada. Um dos casais entreolhou-se assustado, sem entender nada. Deve ter avaliado se iria ou não ficar no albergue. Foi quando o hospedeiro desarmou a pegadinha e todos caíram na gargalhada.

A Missa do Sagrado Coração foi bonita e contou com a concelebração do padre Frederico. A igreja de *San Miguel Arcángel* tem igualmente uma portada linda e fora construída no século XII, em estilo românico. Ao término da missa, o padre, discreto, manifestou uma preocupação que eu sequer teria capacidade de imaginar.

– Apesar de a igreja estar cheia, não havia jovens assistindo. Todos os que colaboraram eram pessoas já sexagenárias ou septuagenárias. Em 20 ou 30 anos, as missas em Estella correm o risco de acabar – disse ele, cabisbaixo, quando já havíamos deixado o pátio da igreja.

Retornamos ao refúgio. Eu precisava dormir cedo para tentar recuperar parte do sono perdido na noite anterior. Estava mais seguro e confiante – o quinto dia fora encerrado com sabor de vitória.

Peregrinos do Caminho.

Saída de Estella.

9 DE JUNHO
ESTELLA – TORRES DEL RÍO
SEXTO DIA DE CAMINHADA

Antes de deixar o Albergue de San Miguel, discretamente depositei dez euros na caixinha de donativos. Havia sido uma das melhores acolhidas do Caminho e não cobrava pela estadia dos peregrinos. Era cedo da manhã quando partimos de Estella sem a companhia de Antonio, que decidira dormir até mais tarde. Rapidamente passamos pelo povoado de Ayegui até alcançar a vinícola e o Mosteiro de Irache. Na fonte da vinícola Bodegas Irache, os peregrinos têm a oportunidade de beber vinho gratuitamente. Acima da fonte existe uma estátua em pedra que interpretei como sendo de Santiago peregrino, com seu cajado, chapéu e concha. Na parede à esquerda há uma placa que diz: "Peregrino, se queres chegar a Santiago com força e vitalidade, deste grande vinho toma um trago e brinda a felicidade".

Foi um momento divertido. Samuel não bebeu, não quis arriscar. O padre experimentou e disse que o vinho estava saturado. Eu não tive a mesma impressão, achei que se tratava de um vinho simples, comum, mas ao final concordamos que o que valia era a boa intenção da vinícola, uma forma de se mostrar hospitaleira com os peregrinos que por ali cruzam.

Depois de passar pelo Mosteiro de Irache, seguimos subindo por um caminho rural na direção de Azqueta, até chegarmos, exaustos, ao povoado de Villamayor de Monjardin, em que o único ponto histórico que conhecemos foi a *Fuente Medieval*. Paramos naquele povoado para um breve descanso e também para abastecer nossos cantis de água, pois ainda teríamos cerca de doze quilômetros até chegar à cidade de Los Arcos. A partir daquele dia, a fim de conseguir vencer o Caminho em 30 dias, decidira que começaria a quebrar o protocolo de distâncias indicadas no meu guia de viagem. Foi quando resolvemos avançar até Torres del Río, totalizando mais de 28 quilômetros. Na travessia por Los Arcos, logo na saída da cidade, passamos por um cemitério cuja inscrição lúgubre no portão chama a atenção dos peregrinos: "Eu fui o que tu és, e tu serás o que sou".

Lembrei-me de uma viagem que fizera, anos antes, a Évora, sul de Portugal, em que conheci a Capela dos Ossos. Na entrada, vê-se o aviso: "Nós ossos que aqui estamos pelos vossos esperamos". No fundo a mensagem era a mesma, um pensamento hamletiano que chamava a atenção para a brevidade da vida.

No livro O Caminho de Santiago – *Uma peregrinação ao Campo das Estrelas*, o jornalista gaúcho Sérgio

Reis faz uma reflexão lúcida e encorajadora sobre a frase sombria do cemitério de Los Arcos: "(...) o fim nos iguala. O que nos torna diferentes uns dos outros é nossa passagem. Somos iguais na morte, mas diferentes na vida".

Entre Los Arcos e Torres del Río, caminhamos por longas distâncias em que, de um lado, viam-se plantações de trigo e, de outro, parreirais. Em determinado momento, o padre fez uma observação ponderada e simples, mas que achei interessante e registrei mentalmente: "Pão de um lado e vinho de outro".

Na Idade Média, quando não havia facilidades comerciais no Caminho, era justamente isso que se oferecia aos peregrinos: um pedaço de pão e um copo de vinho, símbolos da eucaristia e da comunhão em Cristo.

Conversamos muito sobre situações engraçadas e familiares. Contei a eles, por exemplo, um episódio com minha filha, Marina, passado em uma praia no Nordeste brasileiro. Depois de nos divertirmos bastante na beira do mar, precisávamos subir e atravessar um monte muito alto e íngreme. Preguiçosa, ela agarrou-se em meu ombro para que eu a ajudasse; foi quando a repreendi carinhosamente:

– O que é isso? Uma menina de 14 anos sem disposição para encarar uma pequena subida? Como vais enfrentar as dificuldades da vida quando fores adulta?

Resignada e visivelmente com o orgulho ferido, ela abaixou a cabeça e subiu acelerada, sem parar para descansar e sem olhar para trás. Fiquei observando à cena com ternura e admiração, só que, pouco depois de subir aquele trecho, já estava de novo agarrada ao meu braço, pedindo que eu a ajudasse. Tentei desafiá-la mais uma vez, mas não adiantou, meu argumento já não teve a mesma eficácia.

Padre Frederico contou a história de um trisavô que, no ano de 1927, fora sequestrado pelo bando de Lampião*, que prometia invadir Mossoró. Sendo o trisavô pessoa influente e proprietário de muitas posses na cidade, Lampião exigira dez contos de réis, uma pequena fortuna na época. Como o resgate não foi pago, Lampião e seu bando decidiram ir em frente com a promessa. Mas Mossoró disse não à extorsão. Fustigada, a cidade levantou várias barricadas, incluindo a famosa trincheira do Campanário da Capela de São Vicente de Paula, que surpreendeu os cangaceiros, atordoados com a saraivada de balas daquele ponto imprevisível.

Cheguei muitíssimo cansado a Torres del Río, povoado que fica no topo de uma alta colina. Minha perna inchou bastante acima do tornozelo e a dor no joelho voltara forte já na saída de Estella. Há peregrinos que dizem que o êxtase e o sofrimento caminham juntos, e é verdade. Na mesma medida em que se vivem emoções inesperadas e edificantes no Caminho, também se é testado e levado ao limite da dor e do esforço físico.

O Albergue San Andrés, em Torres del Río, era bem agradável. Nada de luxo, mas com um bom restaurante no andar superior. Há muito vinha constatando que a tecnologia chegara ao Caminho de Santiago. Em quase

---

* Virgulino Ferreira da Silva (1897-1938) era líder de um bando justiceiro que andava pelo Nordeste brasileiro, espalhando medo e combatendo os poderosos da época. Saqueava fazendas e comércio, distribuindo parte do que recolhia aos pobres. Recebeu o apelido de Lampião porque seus disparos consecutivos iluminavam as noites.

todos os refúgios, incluindo os paroquiais e municipais, havia sinal de wi-fi. Os peregrinos podiam se dar ao luxo de manter continuamente os laços com o mundo exterior. Eu seguia acreditando que era preciso usar aquele tempo para me desintoxicar da tecnologia, para me voltar para o mundo interior, apesar de limitadamente também fazer uso do sinal para me corresponder com amigos e familiares.

Eu continuava preocupado com minha dor no joelho. Depois do almoço, resolvi tirar uma *siesta*. Sonhei que dirigia um carro e, de repente, já não possuía mais o controle da direção. Passei a descer por uma ladeira de forma desgovernada, e a única coisa que consegui fazer foi deitar-me no assoalho do automóvel e segurar firme, enquanto pedia proteção a Deus. De repente acordei num sobressalto, e de fato pedi proteção para continuar seguindo meu Caminho, mesmo com o joelho enviando sinais evidentes de que algo não estava bem.

Saí para caminhar e conhecer um pouco da vila medieval. Próximo à porta do refúgio, encontrei padre Frederico e Samuel retornando de um passeio. Haviam ido visitar a *Iglesia del Santo Sepulcro*, mas o padre recusara-se a pagar para entrar na casa de Deus. Convidei-os para pelo menos irem até a frente da igreja e eles aceitaram. A *Iglesia del Santo Sepulcro* é, sem dúvida alguma, uma das mais belas do Caminho. Construída no século XII pelos templários, sua planta octogonal manteve as mesmas características do Templo de Jerusalém, com uma torre em forma cilíndrica. Uma escada em caracol conduz ao topo, em que funcionava um farol para orientar e levar alento aos peregrinos que porventura arriscavam caminhar à noite.

Saiu muito barata a visita, apenas um euro para ter o privilégio de conhecer aquele que é considerado um Monumento Histórico e Artístico da Humanidade desde 1931. E acabou que o padre apresentou sua carteira de sacerdote e não precisou pagar para entrar naquele suntuoso templo.

Antes das 22h começou a sinfonia intensa e nada harmoniosa dos roncadores. Teve gente que arrastou os colchões para fora do quarto, mesmo enfrentando um vento gélido no corredor da recepção do refúgio. Eu estava tão cansado e triste de dor que consegui pegar logo no sono, ignorando todos os ruídos à minha volta. Mas isso era o de menos – estava apreensivo se teria forças para vencer mais um dia.

Fuente de vinho de Irache.

Iglesia del Santo Sepulcro.

10 DE JUNHO
TORRES DEL RÍO – NAVARRETE
SÉTIMO DIA DE CAMINHADA

Era domingo e o dia ainda não havia amanhecido quando deixamos Torres del Río. Com muita disposição, depois de caminhar pouco mais de dez quilômetros, chegamos ao povoado de Viana, a última cidade da Província de Navarra. Fundada no ano de 1219, Viana ainda conserva suas muralhas e numerosas casas palacianas, cujos brasões remontam há séculos distantes. O que mais me chamou a atenção, entretanto, foi a impressionante *Parroquia de la Asunción de Santa María*, construída entre os séculos XIII e XIV em estilo gótico, com influência de elementos da renascença. Não entramos – ainda era muito cedo –, mas tomamos um bom café com leite e croissant bem em frente, admirando aquele imponente monumento cristão com pórtico e cobertura renascentista. Eu soube depois que, dentro da igreja de *Santa María*, tem um bonito altar dedicado a São Tiago, representando sua vida, seus feitos, seus milagres e sua morte. Lamentei não ter esperado até que o templo abrisse suas portas – mais um motivo para um dia voltar.

Seguimos caminhando e contando algumas histórias para passar o tempo (Samuel e Antonio já estavam bem à frente). A igreja de *Santa María* talvez tenha inspirado padre Frederico a se lembrar de um acontecimento com um padre que fora celebrar um casamento em uma paróquia de Recife, mas resolvera chegar mais cedo para rezar, em trajes normais, sem a indumentária de sacerdote. A madrinha – e cerimonialista do casamento –, preocupada em finalizar logo a decoração da igreja, pediu licença àquele senhor, pois precisava que ele desocupasse o banco em que estava sentado. O padre, sem se identificar, informou gentilmente que estava rezando e que, em seguida, sairia dali. Passado algum tempo, a moça ansiosa voltou a solicitar que ele se retirasse. E outra vez ela ouviu a mesma resposta. Depois de alguns minutos, já bem impaciente, a madrinha foi pela terceira vez pedir que o tal senhor desocupasse o assento. Foi então que o sacerdote perdeu as estribeiras e explodiu: "Escute aqui, senhora, eu sou o padre que veio celebrar este casamento, mas agora a noiva precisa decidir entre mim e a senhora, pois nós dois não ficaremos juntos sob o teto desta igreja". Dizem que foi um deus nos acuda para que o tal padre se acalmasse e, depois de desfeito o mal-entendido, tolerasse a participação da madrinha inconveniente.

– Se de forma intempestiva o próprio Cristo expulsou os vendilhões do Templo, o sacerdote também tinha o direito de expressar sua irritação com aquela chata que não o deixava rezar em paz! – disse padre Frederico, rindo ao se lembrar do desfecho da história.

Nessa altura já havíamos entrado na Província de La Rioja, região de ótimos vinhos, caminhando por entre parreirais num cenário familiar, que se repetia sem perder sua beleza, tranquilidade e encanto. Aquela paisagem oportunizava-nos revisitar nossas histórias, muitas vezes encaixotadas e empoeiradas no fundo dos baús de nossa memória. Contei ao padre algumas lembranças da vida profissional. Eram mais de 30 anos desde o primeiro emprego, como empacotador de supermercado. Nada fora fácil. Quando menino, andava quilômetros de bicicleta, trabalhando de dia e estudando à noite. Escolhera o caminho mais difícil, passara sem reclamar pelas dores e privações da vida, mas com esforço e determinação havia conseguido ascender e alcançar certa emancipação como indivíduo. Entre desafios superados e episódios pitorescos rememorados, contei a ele uma história inusitada sobre uma máquina de teste.

Durante quase 20 anos eu trabalhara para a Cordoaria São Leopoldo, uma empresa familiar produtora de cabos sintéticos utilizados nas mais variadas aplicações: navais, amarração e ancoragem de plataformas petrolíferas em alto-mar. Para fins de aprovação, esses produtos precisam ser testados. Os cabos de ancoragem, por exemplo, chegavam a 1.500 toneladas de resistência (hoje passam de 2.000 toneladas). Naquela época, eu era o responsável pelo equipamento de tração – um dinamômetro – que realizava os testes de ruptura das amostras. Entretanto, a máquina estava inoperante já havia algum tempo e ninguém conseguia encontrar o defeito. Passaram-se semanas e semanas de investigação e não encontrávamos o problema. Nesse meio-tempo, eu estava sofrendo enorme pressão para realizar os testes (sem os quais não era possível aprovar os projetos e receber por eles). Diante daquele obstáculo, fui forçado a chamar todos os "especialistas" no assunto. Vieram profissionais que entendiam de sistemas hidráulicos, outros do software de comando da máquina e também alguns generalistas, incluindo a equipe de manutenção da empresa. Tinha ao todo umas oito ou dez pessoas envolvidas e creio que passamos dois dias reunidos, investigando e discutindo todos os potenciais problemas do equipamento. Ao final, já exaustos, não achamos nada que pudesse explicar o que impedia o funcionamento do dinamômetro. Naquele beco sem saída, depois de finalizada a reunião, pedi a uma funcionária que ligasse para a igreja local e solicitasse ao pároco para vir até a empresa benzer a máquina de testes. Minha colaboradora costumava fazer trabalhos voluntários na igreja, era benquista pelo padre, mas, desconfiada da minha sanidade mental, resolveu indagar se eu falava sério:

– Queres mesmo que eu ligue para o padre Ernani?

– Sim, Cristina, liga pra ele e pergunta se ele pode vir aqui benzer a máquina de testes. Se os engenheiros não resolvem, eu preciso apelar a Deus.

– Tá bom. Vou ligar agora – disse ela, antes de perguntar: – Mas se ele se recusar?

– Se ele se recusar, tudo bem, pelo menos tentamos.

Passados alguns minutos, ela bateu à porta da sala.

– O padre Ernani está ao telefone e pediu pra falar contigo.

Imediatamente atendi.

– Olá, padre, boa tarde – disse eu, tentando imaginar o que ele havia pensado daquele pedido inusitado.

– Então, Leandro, a Cristina me falou do problema de vocês com essa tal máquina. Eu fiquei pensando que posso ir aí, sim, mas se eu benzer o equipamento e ainda assim não funcionar?

– Padre, a gente tem que ter fé!

Não sei o que me passou pela cabeça naquele instante. Mas já estava tão injuriado que, sem perceber, saiu aquela resposta repentina. Quis me desculpar, mas ele rapidamente deve ter entendido que se tratava de um ato de desespero.

– Claro, eu entendo a tua preocupação. Vamos fazer o seguinte: amanhã pela manhã eu irei, mas agora à tarde já vou fazer algumas orações. Vai dar tudo certo.

– Muito obrigado, padre Ernani, e desculpe qualquer coisa.

Coincidência ou não, naquela mesma tarde, o responsável da manutenção, por teimosia, resolvera fazer uma última revisão em uma válvula solenoide que já havia sido revisada outras vezes. Lá dentro, confundindo-se com a parte escura do equipamento, encontrava-se um pequeno fragmento de borracha, que estava impedindo a passagem correta do óleo, o que, consequentemente, impossibilitava o funcionamento da máquina. E foi o que aconteceu: milagrosamente, no dia seguinte, o dinamômetro tinha voltado a funcionar.

Depois de quase dez quilômetros desde Viana, passamos por Logroño. Antes da entrada na cidade, encontramos a barraca de outra "lenda" do Caminho, a *doña* Felisa, já falecida. A famosa tenda hoje pertence à filha, que mantém viva a história e o slogan da mãe: "figos, água e amor". Há oito anos, padre Frederico tivera o privilégio de conhecer pessoalmente *doña* Felisa, considerada a Rosa de Logroño, quando fizera o Caminho pela primeira vez. Carimbamos nossas credenciais, bebemos água e deixamos um donativo na caixinha de contribuição, antes de continuar.

Capital de La Rioja, Logroño é uma cidade grande e moderna que conserva bem sua parte histórica de ruas estreitas, estilo medieval, conhecida por Cidade Velha. Logo que cruzamos o Rio Ebro, por sobre a enorme e bela *Puente de Piedra*, alcançamos a Rua dos Peregrinos, hoje batizada de *Calle Ruavieja*. Em seguida, devagar, passamos em frente à *Iglesia de Santiago el Real*, mas infelizmente não entramos. Era Festa de San Barnabé e havia muitos peregrinos por ali (tínhamos sido informados de que todos os albergues já estavam lotados). Resignados, paramos em algumas barraquinhas e compramos pães e queijos para o almoço, antes de criar coragem para enfrentar o sol calcinante do meio-dia. Foi uma pena – mais uma vez, queria ter tido um tempo maior para explorar aquela parte histórica da cidade.

Na saída de Logroño a situação começou a ficar difícil. Depois de deixar a Cidade Velha, veio o choque de realidade no centro da Cidade Nova. Em meio ao trânsito pesado e grandes avenidas, quase que não se notavam as setas amarelas indicativas do Caminho – a Província de

La Rioja não era tão bem identificada quanto Navarra. Aliado a isso, já estávamos muito cansados. Ao passar por um dos parques da cidade, vimos ao longe a figura conhecida de um peregrino com camiseta bordô de manga longa, que caminhava muito lentamente. Era o Samuel. Ele e Antonio haviam nos deixado para trás 20 quilômetros antes e, agora, ele estava ali, sozinho e quase se arrastando. Deu para perceber que ficara visivelmente contente quando nos viu – ele também estava embaralhado com a dificuldade de identificar o Caminho a partir daquele trecho. Disse que Antonio sentia terríveis dores nos pés e resolvera tentar dar um jeito de ficar em Logroño. E assim, juntos e judiados pelo sol, quase no limite da capacidade de continuar caminhando, encaramos os doze quilômetros restantes até Navarrete.

No albergue municipal de Navarrete, fomos bem recebidos por uma simpática hospitaleira francesa, aparentemente comovida pelo estado deplorável daqueles três peregrinos que já não suportavam nem o peso da mochila. Depois do banho, antes que o comércio fechasse, o padre Frederico correu para comprar um vinho de La Rioja, que harmonizou muito bem com pão e queijo naquele singelo e ao mesmo tempo rico almoço de domingo.

Navarrete é uma cidade não muito grande, que combina fortes traços medievais com sinais de algumas construções modernas. Bem próximo ao refúgio encontra-se a bonita *Iglesia de la Asunción*, edificada no século XVI no encosto de uma ladeira. Impressiona tanto por sua fachada externa, com um magnífico campanário, quanto por sua parte interna, com um belo e grandioso retábulo barroco.

Na pequena praça em frente à igreja, depois de o padre Frederico celebrar a missa em latim – creio que foi um grande momento de realização pessoal para ele –, resolvemos nos sentar a uma mesinha do restaurante local para conversar e beber uma taça do bom vinho de La Rioja. Como previsto, Antonio, assim como outros peregrinos, não conseguiu ficar em Logroño, mas chegou a tempo de assistir à missa e também se juntar a nós. Havíamos vencido mais uma dura etapa do Caminho, e aquele momento de descontração era muito bem-vindo naquele entardecer. Sabíamos que teríamos um bom desafio no dia seguinte. A previsão era de chuva e a caminhada seria longa – 37 quilômetros até Santo Domingo de La Calzada. Cada vez mais, apesar das dores e do cansaço, sentia-me disposto e compelido a seguir adiante.

Imagens do Caminho.

Iglesia de la Asunción e seu retábulo barroco.

11 DE JUNHO
NAVARRETE – CIRUEÑA
OITAVO DIA DE CAMINHADA

    Dormira razoavelmente bem, mas mesmo assim sentia fortes dores no joelho, sinais do esforço empreendido no dia anterior. Logo cedo, depois do café, aproveitei para tomar um Dorflex*. Antonio, Samuel e Iúlia, uma peregrina romena que naquele dia saíra do albergue conosco, optaram por não parar para o desjejum próximo à *Iglesia de la Asunción*, deixando o padre e a mim para trás.

    Foram 16 longos quilômetros, entre difíceis subidas e descidas, até finalmente alcançar a cidade de Nájera, cruzando o Rio Najerilla pela Ponte dos Peregrinos. Voltara a sentir aquelas torturantes dores no joelho, sobretudo nos últimos oito ou nove quilômetros de descida até aquele

---

* Relaxante muscular popular no Brasil.

povoado. O fantasma da incerteza de conseguir continuar voltara a me assombrar de perto. Eu estava muito cansado, mas sabia que, se sentasse em algum lugar para descansar, o joelho esfriaria e a dor seria ainda mais intensa. Parei em uma fonte, lavei o rosto e respirei fundo, antes de encher o cantil de água e seguir viagem, enquanto o padre caminhava cerca de um ou dois quilômetros à minha frente.

Lembrei-me de que fora ali, próximo a Nájera, que ocorrera uma das batalhas de cristãos contra muçulmanos. Conta uma lenda que os mouros propuseram ao imperador Carlos Magno evitar um derramamento maior de sangue se ele escolhesse um homem para enfrentar um gigante chamado Ferragut, descendente de Golias, que lutava nas fileiras muçulmanas. Depois de ter derrotado os mais corajosos cavaleiros do imperador, o gigante enfrentou o destemido Roldão. Após uma longa luta, o combate não se decidiu a favor de nenhum dos dois guerreiros. Como já era noite, e num ato de nobreza, as partes decidiram dar uma trégua para descansar e continuar a luta no dia seguinte. Durante o jantar, os rivais fizeram amizade e, entre uma conversa e outra, o gigante passou a se gabar de nunca ter perdido, porque ninguém conhecia seu único ponto fraco, situado no umbigo. No dia seguinte, veio à tona a discussão sobre a verdadeira religião, o que novamente provocou a ira de ambos os lados, determinando que os dois voltassem a duelar até morrer. Conhecedor da debilidade do rival, Roldão cravou sua lança no umbigo do gigante Ferragut. Refleti que, no mínimo, essa fábula ensina o sentido de não falar demais e saber confiar nas pessoas certas.

De Nájera à vila de Azofra foram mais seis quilômetros. Eu já estava cansado, a ponto de desistir, mas ainda faltavam 15 quilômetros até Santo Domingo de la Calzada. Havia lido e ouvido falar da hospitaleira María Tobia, outra "lenda" do Caminho. Tive curiosidade de perguntar por ela quando, próximo à fonte na rua principal, avistei padre Frederico sentado à minha espera. Ele estava ainda mais exausto do que eu e havia decidido ficar em Azofra naquele dia. Tive um imediato impulso de juntar-me a ele, mas ao mesmo tempo temi que, depois, não conseguisse mais vencer o cronograma traçado. Foi uma tolice e uma tremenda falta de sensatez não parar para pernoitar naquela vila, afinal de contas eu tinha todo o tempo do mundo e precisava de cautela com o meu joelho.

Para minha surpresa, cerca de 500 metros depois de deixar o povoado de Azofra, avistei novamente Frederico vindo em minha direção. Ele fora até o refúgio e não gostou – o albergue estava com aspecto sujo e abandonado, por isso ele decidira seguir em frente. Pensei comigo mesmo que talvez o refúgio não estivesse mais nas mãos generosas da prestativa María Tobia. Mas também não deixei de pensar que o padre fora compelido pelo mesmo sentimento que eu: o medo de não conseguir chegar a Santiago de Compostela dentro do prazo que – inadequadamente, pelo menos no meu caso – estávamos nos impondo.

Depois de nove quilômetros, cheguei ao povoado de Cirueña quase sem forças para pôr os pés no chão. Foram 31 quilômetros desde Navarrete e ainda faltavam seis até Santo Domingo de la Calzada; contudo, não havia qualquer possibilidade de continuar caminhando. Nesse dia eu aprendi que o peregrino nunca sabe com exatidão onde vai parar. O Caminho é mesmo como a vida: uma coisa é o que planejamos e outra é o que de fato acontece. O padre chegara primeiro ao refúgio privado de nome irônico: Casa Victoria. Claro, não deixava de ser uma respeitável conquista – mais de 30 quilômetros percorridos. Mas, por outro lado, o objetivo de andar até Santo Domingo não fora alcançado.

Cirueña é uma cidadezinha que, apesar de ter um moderno clube de golfe, mistura arquitetura contemporânea com algumas casas abandonadas e outras em ruínas. O albergue não era ruim, mas deixava a desejar. Entretanto, naquela altura, eu já não precisava de nada além de um chuveiro quente e uma cama para dormir. A duas quadras dali, ficava o único bar do povoado – pelo menos fora isso que nos dissera a hospitaleira do refúgio. Estávamos com fome e lá não havia quase nada para comer. Pedi um sanduíche de *jamón* (presunto) e uma xícara de café. O padre optou por um croissant e uma salada, acompanhados de um suco. A dona do bar estava mais preocupada em servir o próprio copo de cerveja do que passar uma simples vassoura no estabelecimento, sujo e malcuidado. Fiquei desapontado pelo fato de ver alguém desperdiçando seu tempo quando poderia estar fazendo algo mais edificante com sua vida.

Pensei em minha própria desmotivação profissional, razão pela qual havia pedido afastamento da empresa por dois meses. Conhecia meu valor e entendia que meu trabalho não estava sendo reconhecido. Cirueña, com seu aspecto de abandono e ruínas, fora o pior vilarejo que escolhemos para ficar, mas, paradoxalmente, foi o lugar que ofereceu um excelente questionamento, sobre o qual passei a meditar no Caminho: será que não era hora de sair daquele estado de letargia profissional e procurar algo novo para fazer? Naquele momento eu não sabia responder, mas sabia que, às vezes, as perguntas certas são mais importantes que as respostas.

Voltamos ao albergue, organizei as roupas na mochila e tratei de fazer uma drenagem com agulha e linha em cruz na minha primeira bolha adquirida no Caminho. Deitei lentamente com a perna para cima, sentindo muita dor no joelho. Em silêncio, pedi a Deus forças para o dia seguinte. Lembrei-me de que havia caminhado pouco mais de 200 quilômetros; tinha ainda 600 até Santiago de Compostela. Entretanto, se o joelho piorasse para além da dor que estava sentindo, eu não teria como prosseguir.

Naquele final de tarde, recebi do Samuel uma mensagem por WhatsApp, informando que havia conseguido chegar a Santo Domingo de la Calzada e que Antonio ficara em Nájera, devido ao seu esgotamento físico. Realmente o Caminho não é fácil para ninguém – êxtase e dor, lado a lado, caminham juntos. Preocupado, coloquei meu fone de ouvido e fiquei escutando as suaves canções de Leonard Cohen, até cair no sono.

Imagem do Caminho.

12 DE JUNHO
CIRUEÑA – BELORADO
NONO DIA DE CAMINHADA

Na manhã do dia 12 de junho resolvi sair mais tarde. Precisava avaliar minha condição física e a continuidade ou não no Caminho de Santiago. Pedi ao padre Frederico que seguisse e não esperasse por mim, prometendo que avisaria se não conseguisse andar até Belorado. No fundo, entretanto, tinha minhas dúvidas se permaneceria caminhando.

Eram quase oito da manhã quando tomei um anti-inflamatório e, lentamente, deixei o albergue Casa Victoria. Para minha surpresa, quando cheguei à cidade de Santo Domingo de la Calzada, seis quilômetros à frente, meu joelho havia parado de doer e eu já estava até caminhando em um bom ritmo. Mesmo enfrentando uma chuva fina e fria, aquele alívio físico afastou parte da angústia das últimas 24 horas e me trouxe certo ânimo. Na *Calle Mayor*, rua retilínea de peregrinação que atravessa a cidade, parei para conhecer a *Catedral de Santo Domingo*, mas, infelizmente, ainda estava fechada. Tantas vezes ouvira a história de que, dentro daquela igreja, são mantidos um galo e uma galinha vivos, numa espécie de preservação da memória de um acontecimento que ocorrera por volta do ano de 1400.

A história diz que uma família que fazia o Caminho de Santiago resolveu pernoitar em Santo Domingo. Assim, marido, esposa e filho – um rapaz de rara beleza – hospedaram-se em uma estalagem em que a filha do proprietário, sem sucesso, tentou seduzir o jovem. Como não foi correspondida, a moça decidiu se vingar e colocou um copo de prata nos pertences do moço, acusando-o de furto.

Mesmo inocente, ele foi julgado sumariamente e enforcado. Seus pais, arrasados, prosseguiram na peregrinação. Em Santiago de Compostela, pediram ao apóstolo Tiago que fosse provada a inocência de seu filho. Ao retornar à sua cidade de origem, passando por Santo Domingo de la Calzada, foram até a árvore na qual o corpo do rapaz ainda permanecia pendurado. Porém, para espanto de todos, viram que ele estava vivo.

Foram de imediato procurar o juiz local. Ao saber da novidade, o magistrado, que se preparava para comer um frango assado, mostrou-se incrédulo: "Essa história é tão verdadeira quanto o canto deste galo e desta galinha que estão assados aqui nesta mesa!". E foi o que aconteceu: instantaneamente, as aves saltaram vivas na mesa e começaram a cantar.

Por esse motivo, para lembrar o milagre de Santiago, há sempre um galo e uma galinha dentro da catedral. Acredita-se ser sinal de boa peregrinação se uma das aves cantar quando o peregrino entrar na igreja.

Havia muita coisa para ver em Santo Domingo, mas precisava aproveitar que não sentia dor para seguir em frente. Chovia muito quando passei por uma ermida junto à ponte sobre o Rio Oja, na direção de Belorado. Poucos quilômetros adiante, costeando por um caminho de terra a movimentada rodovia N-120, cruzei o simpático povoado de Grañon, último vilarejo na região de La Rioja. Em seguida, menos de uma hora depois, alcancei Redecilla del Camino – foi no momento em que a chuva estiou e, a distância, nos extensos campos de trigo verde, tive o privilégio de fotografar o arco-íris. Estava mais confiante e resolvi parar para um café com uma típica *tortilla** e para conhecer a *Iglesia de Nuestra Señora de la Calle*. Construída no século XVI e reedificada entre os séculos XVII e XVIII, famosa por sua bonita e original pia batismal românica do século XII, feita em pedra trabalhada, representando a muralha da cidade de Jerusalém celestial. Dizem que todo aquele que recebe o batismo se converte em uma cidade amuralhada contra o mal.

O sol estava querendo aparecer por entre as nuvens quando deixei a vila de Redecilla del Camino e passei pelo povoado de Castildelgado, cerca de meia hora depois. Eu já estava nas terras de Burgos, cidade pertencente à província de mesmo nome, que fica na região autônoma

---

* Prato típico da Espanha, a *tortilla* é uma espécie de omelete reforçado, feito com ovos, batatas fritas e cebola.

de Castilla y León. Segui andando até Viloria de Rioja, onde fica o albergue dos simpáticos Acacio e Orietta, refúgio brasileiro apadrinhado pelo escritor Paulo Coelho. Naquela manhã, ainda em Cirueña, eu havia dito ao padre Frederico que, se não conseguisse caminhar até Belorado, tentaria, pelo menos, alcançar Viloria de Rioja. Para minha surpresa, quando cheguei em frente ao Refúgio Acacio e Orietta, lá estava o padre. Ele resolvera fazer uma pausa porque já estava bem cansado e com sérias dores no tornozelo direito. Cogitamos permanecer por ali e aguardar até que o refúgio abrisse suas portas, às 13h30, mas não era nem meio-dia e tínhamos interesse em pernoitar no albergue paroquial, que fica anexo à igreja medieval de *Santa María*, em Belorado. Depois daquele descanso, o padre se sentia melhor. A dor no joelho havia retornado branda, o que não me impedia de caminhar. Embora ainda faltassem oito quilômetros, e talvez até envolvidos por uma onda de energia, decidimos que valia a pena continuar em vez de ficar esperando.

Seguíamos tranquilamente nosso trajeto por uma trilha quando um suposto peregrino passou acelerado, de bicicleta, e bateu em meu braço, fazendo com que caísse a garrafa de água que eu segurava na mão. Ele sequer olhou para trás para pedir desculpas, o que provocou minha ira e, de pronto, me fez chamá-lo de estúpido, ao que o padre fez coro comigo. No Caminho, a grande maioria das pessoas são educadas e solidárias, mas infelizmente também há casos de pessoas que não sabem o que estão fazendo quando escolhem andar até Santiago de Compostela.

Depois de menos de duas horas, chegamos a Belorado sob um sol forte. Estávamos cansados, o que era natural, mas nos sentíamos muito bem por termos vencido mais uma importante etapa de 30 quilômetros. No refúgio, já esperava por nós o Samuel, que chegara bem mais cedo por ter saído de Santo Domingo de la Calzada.

Após o merecido banho, fomos os três comer um *menu del día* em um dos restaurantes da praça. O coreto ao centro me fez lembrar a cidade imaginária de Antares, criada por Erico Verissimo, em que sete mortos são impedidos de ser sepultados em razão da greve geral, incluindo os coveiros, que fecham o cemitério. Diante de tal situação, os mortos ganham "vida" e passam a usar o coreto para reivindicar um enterro digno e também para revelar a podridão moral da sociedade local.

Embora a praça de Belorado tenha me trazido à lembrança o livro *Incidente em Antares*, a cidade possui suas próprias peculiaridades. De origem celta, Belorado tem ruas curtas e estreitas com prédios, casas e monumentos medievais. A *Iglesia de Santa María*, construída no século XVI em estilo barroco, tem um belo retábulo de quatro colunas com a imagem da Virgem ao centro, tendo de cada lado uma imagem de Santiago – Mata-Mouros e Peregrino. Naquele final de tarde, o padre Frederico concelebrou a missa para os peregrinos ao lado do mais vibrante pároco que já havia conhecido no Caminho. Foi uma missa animada e emocionante, na qual o sacerdote espanhol colocou todos pra ler orações e cantar hinos de louvor. No final, ele fez questão de abraçar e abençoar cada um dos peregrinos ali presentes. Durante aquela interação empolgante, conhecemos outros quatro brasileiros. Dois de Curitiba – Luiz e Daniel –, um de

Belo Horizonte e outro de Sergipe, tocador de violão – ambos se chamavam Jairo.

Já no albergue, fazendo minhas anotações, fiquei refletindo enquanto o sono não vinha. No Caminho de Santiago, assim como na vida, estamos sempre em movimento e em constante descoberta de novas amizades, lugares e situações inusitadas, como o caso do ciclista que bateu em meu braço sem pedir desculpas. Há peregrinos que encontramos aqui e ali, e de repente não os vemos mais. Assim como há outras pessoas que começamos a conhecer melhor, com as quais passamos a interagir e, por vezes, caminhamos juntos por várias etapas, e elas se tornam parte de nossas vidas. Na missa havia peregrinos de diversos lugares do mundo, uma Torre de Babel, e tivemos um belo momento de paz no qual todos estavam lá, agradecendo e celebrando em uma mesma sintonia espiritual. Certamente nunca mais encontrarei todos aqueles peregrinos, mas sempre terei vivos na memória os rostos daquelas pessoas também tocadas pela contagiante presença de Deus.

Cruzeiro do Caminho.

Iglesia de Santa María.

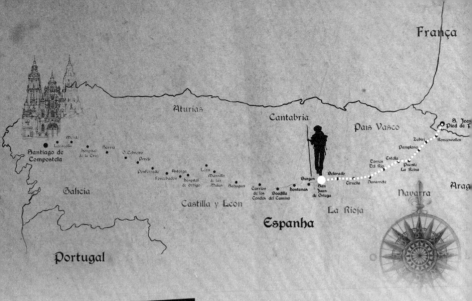

13 DE JUNHO
BELORADO – SAN JUAN DE ORTEGA
DÉCIMO DIA DE CAMINHADA

Naquela manhã, tomamos café antes das 6h e deixamos o albergue sem que o dia tivesse amanhecido completamente. Era Dia de Santo Antônio e padre Frederico estava fazendo aniversário. Presenteei-o, logo cedo, com um chapéu de caminhada que comprara no Porto e ainda não havia usado. Creio que ele deve ter gostado, pois dali em diante não tirou mais o chapéu da cabeça. Samuel deixara o refúgio conosco, mas estava com o tornozelo esquerdo inchado e resolvera parar para ajustar o aperto dos cadarços das botas. Por um longo tempo, entretanto, caminhamos intrigados, afinal de contas ele andava rápido, mas, durante todo o trajeto, não nos alcançou mais. Mais tarde, ao chegar ao albergue, quase uma hora depois de nós, ele explicou que havia se perdido e teve de andar por um bom tempo até reencontrar as setas amarelas indicativas. Apesar de ser bem identificado, não é raro se perder no Caminho. Das três províncias pelas quais havíamos passado até então, Navarra é a mais bem identificada. Burgos, embora por vezes ofereça algumas dificuldades, pode-se dizer que também é bem sinalizada. La Rioja, por sua vez, é a região que exige mais atenção dos peregrinos.

Na saída de Belorado, atravessamos o Rio Tirón por um passadiço de madeira, ao lado de uma ponte romana que não possui acostamento. Naquele ponto, próximo à ponte, tem alguns direcionamentos que levam a outros caminhos e podem dificultar a vida do peregrino. Talvez tenha sido isso que fez Samuel caminhar um bom tempo perdido.

Quase cinco quilômetros depois, cruzamos pela vila de Tosantos. Ao longe, pela trilha de terra que corta os campos de trigo, avista-se a ermida rupestre de *Nuestra Señora de la Peña*, encravada na rocha da montanha. Logo em seguida também passamos por Villambistia, mas só fomos parar um pouco depois, em uma fonte no vilarejo de Espinosa del Camino. Lavei o rosto, troquei a água do cantil e relaxei um pouco enquanto aguardava o padre, que fora a um bar local tomar um café.

Quando ele retornou, continuamos nossa conversa sobre Santo Antônio de Lisboa, que alguns dizem ser de Pádua, mas a verdade histórica é que ele é mesmo português. Existe apenas uma dúvida sobre o ano de seu nascimento: não se sabe se foi em 1191 ou 1195, de forma que não se sabe se ele morreu aos 36 ou aos 40 anos.

Mas o que importa mesmo – e estávamos de acordo – é que ele fez muito em sua curta vida, tendo sido teólogo, místico, asceta, taumaturgo e grande orador, tido como um dos intelectuais mais notáveis de Portugal. No ano de 1220 Santo Antônio tornou-se franciscano, vivendo inicialmente em Portugal, depois na Itália e, em seguida, na França. Seu grande saber tornou-o uma das mais respeitadas figuras da Igreja Católica de seu tempo. Lecionou em universidades italianas e francesas e foi o primeiro doutor franciscano da Igreja. São Boaventura disse certa vez que ele possuía a ciência dos anjos. Hoje é visto como um dos grandes santos do catolicismo. Enfim, um erudito que entendeu com profundidade a gênese do cristianismo.

Em determinado momento, durante a conversa, padre Frederico comentou:

– Imagino que você já deve ter lido em algum lugar aquela frase que diz: "O mar só é maior do que todos os rios porque se coloca abaixo de todos eles". Esse é o segredo de se tornar grande. A humildade! A humildade é a mãe de todas as virtudes. São Francisco de Assis, Santo Antônio, Santa Josefina Bahkita e tantos outros. Poderia incluir Santa Catarina de Senna, Santa Terezinha do Menino Jesus e Madre Paulina, de quem você é devoto. Se você ler a biografia desses santos, entenderá que tem algo muito incomum: foram pessoas que se encontraram com suas essências. Não quiseram ser mais, evitando a arrogância e a prepotência, tampouco menos, que seria desperdiçar a oportunidade de pregar o amor de Cristo. Em razão desta grande virtude, a humildade, e do verdadeiro trabalho cristão que realizaram, eles elevaram o próprio espírito, tornando-se seres humanos de rara inspiração, como o caso da jovem princesa Felícia de Aquitânia, que descobrimos no Caminho.

– Interessante a análise, padre, quando chegar a Santiago de Compostela já estarei totalmente catequizado! – falei, em tom de brincadeira, enquanto seguíamos refletindo. No fundo, pensei comigo mesmo, aquelas palavras faziam todo sentido.

O trajeto de 24 quilômetros é praticamente quase todo de subida, o que de certa forma aumenta o desgaste físico, mas por outro lado não me provocava dor no joelho. Já há algum tempo chegara à conclusão de que as subidas eram melhores que as descidas, pelo menos na situação delicada em que me encontrava. Costumamos brincar que para descer todo santo ajuda. Pode ser, porém depende do contexto, e definitivamente não era o meu caso. Praticamente mais da metade do caminho passa por uma trilha em meio a um grande bosque de pinheiros, o que se repete por muitos quilômetros, despertando uma sensação de que o caminho nunca acaba.

Mas, enfim, tínhamos vencido mais uma etapa em um dia dificílimo. Chegamos ao albergue do mosteiro exatamente às 13h, horário em que estava abrindo. Com exceção da igreja e do bar ligado ao antigo mosteiro, que hoje serve exclusivamente de refúgio aos peregrinos, não há nada para fazer em San Juan de Ortega.

O povoado tem esse nome em homenagem ao próprio santo, que nasceu em Quintanaortuño, ao norte de Burgos, no ano de 1080. Discípulo de San Domingo de la Calzada, San Juan de Ortega, com sua sabedoria de engenheiro, também dedicou sua vida aos peregrinos, construindo estradas, pontes, igrejas e albergues, infraestrutura necessária para reduzir o número de assaltos e assassinatos na região em que vivia – na época considerada a mais perigosa do Caminho, uma espécie de Bojador* que desafiava a coragem e a fé dos peregrinos que por lá se arriscavam.

Existe algo muito valorizado em San Juan de Ortega, conhecido como "o milagre da luz", que ocorre todos os anos, durante os equinócios da primavera e do outono, respectivamente em 21 de março e 23 de setembro, quando, às cinco da tarde, um raio de sol ilumina o capitel românico da igreja.

Depois do banho, fiz o ritual de drenagem de minhas bolhas – já estava ficando especialista. Apesar de doídas, elas já não incomodavam. Também aproveitei o sol para lavar algumas roupas e pendurar no pátio do claustro do antigo mosteiro.

O resto da tarde fora de descanso até o horário da missa dos peregrinos. Usando as palavras do padre Frederico, numa referência ao pároco da capela local: "Acabou o amor pelo ofício". Enquanto em Belorado havíamos participado de uma missa acalorada, conduzida por um padre enérgico, em San Juan de Ortega vimos algo totalmente oposto. A celebração, de certo modo, servira para eu refletir se não era o mesmo caso de desânimo profissional que se passava comigo. A missa começou atrasada,

---

* No período das Grandes Navegações, no século XV, o Cabo do Bojador, localizado na costa do Saara Ocidental, era um obstáculo aos portugueses que desejavam chegar ao Oriente, e por isso tornou-se referência de dificuldade, de ultrapassar todos os limites. No poema Mar português, Fernando Pessoa diz que "quem quer passar além do Bojador tem que passar além da dor".

a homilia fora lida sem muita vontade e o pároco estava distante, bocejando – parecia que ele só estava cumprindo um protocolo desgastado pelo tempo –, tentando carregar um fardo que já não tinha mais forças para sustentar. Todos perceberam que a relação entre aquele padre e sua missão sacerdotal estava terminada; só faltava alguém oficializar o divórcio.

No jantar, serviram a famosa sopa de alho, receita que no passado era preparada pelo padre José María, hospitaleiro que, durante muitos anos, acolheu os peregrinos em San Juan de Ortega. Em seguida, serviram espaguete com molho de tomate e pão. A sopa estava melhor que a massa, mas ainda assim o jantar esteve bem agradável. Com cinco euros, compramos uma boa garrafa de vinho tinto e brindamos o aniversário do padre Frederico. Foi um bom momento de descontração, sobretudo porque o dia seguinte seria de imenso sacrifício.

Peregrinos no Caminho.

Missa em San Juan de Ortega.

14 DE JUNHO
SAN JUAN DE ORTEGA – BURGOS
DÉCIMO PRIMEIRO DIA DE CAMINHADA

O dia começou cedo. Às seis da manhã já estávamos prontos para sair. Apesar de ter tido uma espécie de pesadelo, havia sido uma boa noite de sono; nada mal ter dormido em um mosteiro do século X, pensei comigo mesmo, já na saída do refúgio. No lado de fora, uma luz forte nascendo a leste dava sólidas indicações de que teríamos um belo dia de sol. Por outro lado, pouco depois de iniciar a caminhada, pegamos uma descida íngreme até próximo à vila de Agés, o que me deixou preocupado com o esforço do joelho.

Paramos naquele povoado para tomar café. O bar com estilo pub londrino e nome enigmático – El Alquimista – estava aberto antes das sete da manhã. Dentro do estabelecimento o ambiente era simples e aconchegante, algo feito com amor, cuidado e zelo pelo proprietário que trabalhava sozinho. Quase em frente, paramos para tirar uma foto de uma placa que indicava 518 km até Santiago de Compostela. Faltava muito ainda, mas o nome do bar me fizera lembrar que o Caminho é tão importante como a meta a ser atingida.

No povoado seguinte, Atapuerca, encontramos e caminhamos juntos, por algum tempo, com os quatro brasileiros que havíamos conhecido em Belorado. Eles tinham uma característica interessante: assim como nós, cada um deles fazia seu caminho. Se um decidisse parar para fotografar, comer ou ir ao banheiro, por exemplo, não era necessário que os demais esperassem. O padre e eu, que na maior parte do tempo andávamos próximos, também seguíamos essa filosofia. E dava certo: mesmo que um ou outro tivesse ficado para trás, ao final acabávamos nos encontrando nos lugares planejados.

O povoado de Atapuerca é conhecido por ser um sítio arqueológico famoso pelo grande número de fósseis encontrados naquela região. Recebeu da Unesco a classificação de Patrimônio Cultural da Humanidade. Existe lá um monumento em homenagem ao Homem de Atapuerca, fóssil pré-histórico encontrado no final do século XX.

A chegada em Burgos foi uma das mais difíceis do Caminho. Sob um sol escaldante de meio-dia, não foi nada fácil enfrentar um corredor industrial interminável, com sinalização duvidosa, na entrada da cidade. Eu estava sozinho – havia caminhado devagar em virtude da descida até ali; o padre e Samuel deviam estar uns três quilômetros à minha frente. Depois de passar por tantos povoados medievais, fiquei com uma temerosa sensação de estar voltando à realidade. Fundada no século IX, a cidade do lendário El Cid Campeador* é considerada a maior e mais importante do Caminho. De fato, a parte central de Burgos encanta por sua arquitetura em estilo gótico. A *Catedral de Santa María*, construída no século XIII e declarada também Patrimônio Cultural da Humanidade, impressiona por sua imponência e beleza. Um dos tesouros da catedral é o *Santo Cristo de Burgos*. Conta-se que poderia ter sido José de Arimateia** quem fez a imagem que representa o corpo de Jesus Cristo. De tão real, parece que os cabelos e as unhas nascem em vez de estarem colados. Além disso, o corpo tem uma aparência tão humana que, quando os pregos lhe são tirados, os braços caem como se fosse de uma pessoa. Há uma história contando que um importante comerciante de Burgos, chamado Pedro Ruiz de Minguijuán, prometera trazer um presente para os religiosos da comunidade de San Agustín, quando se preparava para realizar uma longa viagem. Já na viagem de volta, deu-se conta de que tinha esquecido o compromisso. Mas eis que, em alto-mar, viu algo flutuando na água. Foi quando se

---

* El Cid Campeador foi um herói castelhano. De origem nobre, Rodrigo Díaz de Vivar nasceu no ano de 1043 em um povoado ao norte de Burgos. Líder militar e considerado uma referência de cavaleiro medieval, viveu uma época de conflitos, quando o território espanhol era dividido em diversos reinos rivais comandados (e disputados) por cristãos e muçulmanos.

** José de Arimateia era um homem rico e membro da magistratura judaica, simpático às ideias de Jesus, embora secretamente. Após a crucificação de Jesus, José pediu a Pilatos para ter direitos sobre o corpo do nazareno. Naqueles tempos, os cadáveres dos crucificados não eram sepultados, mas jogados a céu aberto para serem devorados por animais selvagens. Pilatos, mesmo sem entender o pedido do amigo, concedeu a ele a guarda do corpo e a proteção de soldados romanos até o sepultamento e também depois, para evitar que o túmulo fosse violado.

aproximou e descobriu que se tratava da imagem de Jesus Cristo. O comerciante, então, decidiu que poderia servir como o presente que havia prometido. No dia seguinte, já em Burgos, os sinos da cidade começaram a soar todos ao mesmo tempo.

Almoçamos o tradicional *menu del peregrino* próximo ao albergue municipal. O restaurante Excalibur, pertencente a uma simpática baiana, não oferecia muitas opções, mas estávamos com fome e sem forças para sequer procurar algo diferente. Apesar do cansaço, foi possível caminhar um pouco e conhecer a magnífica catedral e o charmoso centro da cidade, especialmente à margem do rio, em que se caminha por um longo corredor de árvores que ficam simetricamente alinhadas. No bar em frente ao albergue municipal, encontramos com os outros brasileiros, que lá chegaram algum tempo depois. O Jairo de Sergipe, compartilhando um violão com uns jovens peregrinos mexicanos, cantou afinado algumas músicas sertanejas e outras de MPB, enquanto bebíamos cerveja e assistíamos à abertura da Copa do Mundo de Futebol em uma televisão sem áudio, presa em uma das paredes do bar.

Naquele final de tarde, em uma pequena paróquia dentro da *Catedral de Santa María*, teve nova missa concelebrada por padre Frederico. Mas, dessa vez, o número de peregrinos brasileiros para prestigiá-lo era bem maior.

De regresso ao albergue, agradeci por ter vencido mais aquela etapa. Apesar das dores, eu estava vencendo os obstáculos. Ainda não imaginava, entretanto, o que iria acontecer no dia seguinte.

Peregrinos no Caminho.

Cristo crucificado, Catedral de Burgos.

15 DE JUNHO
BURGOS – HONTANAS
DÉCIMO SEGUNDO DIA DE CAMINHADA

Ainda era muito cedo, pouquíssimos minutos depois das 6h, quando tomamos café no bar em frente ao albergue, já planejando o percurso de mais um dia que se anunciava com belos raios de sol no horizonte. Considerando que o trajeto seria com poucas subidas e descidas, o plano consistia em caminhar um pouco mais de 30 quilômetros até Hontanas, muito embora ainda fosse cedo para saber se teríamos forças para enfrentar o sol da tarde a mais de 800 metros de altitude. A saída de Burgos em nada lembrava a dura entrada na cidade, no dia anterior. Rapidamente atravessamos a *Puente de Malatos*, e muito próximo dali fotografei o monumento moderno de Santo Domingo de La Calzada, seu construtor. Depois de cruzar por um bonito parque, também retratado em uma notável cena do filme *The Way*, fiz outros importantes registros fotográficos: a *Ermita de San Amaro*, a fachada do *Hospital del Rey* – fundado no ano de 1195, durante séculos acolheu todos que por lá passavam na direção de Santiago de Compostela –, e o majestoso monumento ao peregrino.

Antes da saída da cidade, Samuel acelerou e nos deixou para trás. Ao chegar ao povoado de Tardajos, quase dez quilômetros depois, eu estava me sentindo bem e disposto, o caminho plano até ali não exigiu muito esforço e a leve dor no joelho daquela manhã estava sob o controle da joelheira. Padre Frederico, entretanto, estava sentindo fortes dores no tornozelo direito. Na vila de Rabé de las Calzadas, menos de dois quilômetros após deixar Tardajos, paramos em frente à fonte para encher nossos cantis com água fresca. O sol se intensificara e o inchaço no tornozelo do padre também.

Com passos mais lentos e compenetrados, seguimos viagem. Enquanto eu caminhava admirando a natureza, absorto em meus pensamentos e às vezes conversando com o meu cajado, Wilson, o padre em silêncio rezava o habitual terço. Quase duas horas se passaram quando, do alto de um monte, avistamos a vila de Hornillos del Camino. Ainda faltava pouco mais de dez quilômetros até Hontanas, mas o padre decidira que não iria arriscar além do povoado de Hornillos – não tanto pelas dores; era mais pelo cansaço e pela preocupação com o tornozelo. Tentei animá-lo, sugerindo que comesse algo e descansasse algum tempo. Mas naquele dia ele realmente havia chegado ao seu limite físico.

Ao chegar a Hornillos del Camino, nos despedimos e o padre logo alcançou o refúgio paroquial, que fica muito próximo da rua conhecida como Rua dos Peregrinos. Descansei um pouco, bebi uma *caña* (cerveja servida em copo) e comi um *bocadillo* em um bar local, junto à fonte e à *Ermita de Santa María*. Antes de seguir viagem, coloquei água fresca em meu cantil, sem enchê-lo. Ponderei que, com aquele sol forte, a água esquentaria e, de mais a mais, em duas horas estaria em Hontanas. Ledo engano.

A dor no joelho finalmente abrandara, mas nos últimos dias eu havia dormido menos que o recomendável, sentia que estava um pouco fraco e com muito sono atrasado. Pela primeira vez, pensava seriamente em pegar um quarto privado quando chegasse a Hontanas. O trecho entre Hornillos del Camino e Hontanas é solitário, com imensas plantações de trigo que se perdem de vista, criando a sensação de se estar passando muitas vezes no mesmo lugar. Ao longe, avistei um grande corredor de um parque eólico, os tais moinhos de vento modernos, que me traziam à lembrança o cativante Cavaleiro da Triste Figura.

Na literatura, há quem diga que o episódio dos moinhos de vento é a metáfora da loucura, a síntese do livro *Dom Quixote*. Embora eu não concorde com isso, mesmo acreditando na necessidade de se criar uma realidade própria e viver dentro dela, prazerosamente vale lembrar parte da aventura destrambelhada na qual se envolveu o bondoso cavaleiro andante:

– *Olhe vossa mercê – respondeu Sancho – que aqueles que ali aparecem não são gigantes, e sim moinhos de vento, e o que neles parecem braços são as asas, que, empurradas pelo vento, fazem rodar a pedra do moinho.*

– *Bem se vê – respondeu D. Quixote – que não és versado em coisas de aventuras: são gigantes, sim, e se tens medo aparta-te daqui, e põe-te a rezar no espaço em que vou com eles me bater em fera e desigual batalha.*

E, dizendo isto, deu de esporas em seu cavalo Rocinante, sem atender às vozes que o seu escudeiro Sancho lhe dava, advertindo-lhe que sem dúvida alguma eram moinhos de vento, e não gigantes, aqueles que ia acometer. Mas ele ia tão certo de que eram gigantes, que nem ouvia as vozes do seu escudeiro Sancho, nem via o que eram, apesar de já estar bem perto, antes ia dizendo em altas vozes:

– *Não fujais, covardes e vis criaturas, que um só cavaleiro é este que vos acomete.*

Caminhando sozinho, em silêncio absoluto, acreditei ter vivido mais um prazeroso encontro comigo mesmo. Pensei muito sobre minha vida pessoal e profissional, minhas conquistas e minhas frustrações. Não fosse o acúmulo do estresse que me fizera atingir um elevado nível de desencanto no trabalho, talvez ainda estivesse cegamente motivado e preso ao que estava fazendo. Mas tudo acontecera na primavera certa, pensei, enquanto ainda rememorava as aventuras do Dom Quixote, o herói que lutava contra as injustiças do mundo.

À medida que caminhava, comecei a sentir uma sensação estranha. Primeiro, certo desequilíbrio; depois, uma espécie de vertigem me fez perder parte da orientação espacial. Fazia algum tempo que a água havia acabado e meu ritmo havia diminuído muito debaixo daquele sol implacável. Ainda não estava nem na metade do caminho quando percebi que estava desidratado. Deviam ser umas quatro horas da tarde, e naquele horário já não avistava nenhum peregrino por perto para pedir água. Eu me atrevera a enfrentar o sol naquela hora do dia e estava pagando um alto preço.

Em determinado momento, estava tão tonto que resolvi parar e sentar para descansar – o que foi ainda pior. Quando levantei, fiquei em dúvida se deveria andar para a direita ou para a esquerda. Uma pedra grande e saliente na trilha, com a qual havia cruzado a poucos metros, devolveu-me o sentido e me fez seguir na direção certa. Mas uma nova vertigem se apoderou de mim.

A distância, pensei ter visto o teto de uma casa. Foi quando recobrei minhas forças e acelerei o passo. Todavia, quanto mais me aproximava, mais percebia que se tratava apenas de uma espécie de miragem. O que vira fora apenas um pequenino abrigo abandonado, que sobressaía no meio dos campos de trigo. Comecei a ficar terrivelmente preocupado. Jamais passara por uma situação de sede quase desesperadora como aquela.

Com um esforço tremendo, mantive a calma e segui em frente. De repente, muito exausto, avistei em um vale o campanário de uma igreja. Antes, de cima da planície, era impossível descortinar o povoado de Hontanas, quase que escondido entre montanhas. Mas agora estava ali, muito próximo.

Para minha surpresa, ainda mais perto, uns 300 metros antes de descer até a vila, havia uma pequena ermida e, preso à parede externa, um Tau* de São Francisco de Assis. Um pouco mais à frente da ermida, avistei uma enorme fonte. Debaixo daquele ainda intenso sol de final de tarde, chorando, saciei minha sede e me deixei banhar naquela água gelada e abundante. Emocionado, entendi aquilo como a renovação da minha fé. Soube, mais uma vez, que não estava sozinho.

Recuperado, desci lentamente até o Albergue El Puntido, no qual não hesitei em pedir um quarto privado. Estava muito cansado e ansiava por uma boa noite de sono, depois de 12 dias de peregrinação. Após o banho, tratei minhas bolhas e coloquei as roupas para lavar. Em seguida, saí para caminhar até a *Iglesia de la Inmaculada Concepción*, construída no século XIV. Quase em frente, no refúgio municipal, encontrei Samuel sentado em um banco próximo à porta. Esboçou um largo sorriso quando me viu e correu para me cumprimentar. Chegara cedo, antes das duas da tarde, e não tinha encontrado nenhum peregrino conhecido em Hontanas. Expliquei o que se passara comigo e o porquê de padre Frederico ter ficado em Hornillos del Camino. Ele me olhou preocupado, de cenho franzido, mas não comentou nada.

Uma música suave tocava no interior da *Iglesia de la Inmaculada*. Em uma parede lateral, fora montado um

---

* "O *tau* é a última letra do alfabeto hebraico, a décima nona letra do alfabeto grego. É um signo bíblico usado pelo profeta Ezequiel. 'Chamou o Senhor Deus o homem vestido de linho branco, que trazia, à cintura, os instrumentos de escriba, e lhe disse: Percorre a cidade, o centro de Jerusalém, e marca com um T na fronte os que gemem e suspiram, devido a tantas abominações que na cidade se cometem' (Ez. 9, 3-4). São Francisco de Assis teve grande veneração por essa letra, pois lhe lembrava o grande amor de Cristo por nós." (Extraído do folheto *T (tau) de São Francisco de Assis*, produzido por Inluma Artigos Religiosos.)

painel com a foto de diversas pessoas vencedoras do Prêmio Nobel da Paz, entre as quais Martin Luther King, Madre Teresa de Calcutá, Malala e Gandhi*. De cima de uma mesinha improvisada, retirei uma pequena cruz de São Francisco de Assis e, conforme informava na instrução ao lado, depositei na urna uma moeda de dois euros. Em seguida, caminhei até o altar, ajoelhei-me e agradeci por mais aquela vitória.

Naquele final de tarde, ainda fazia muito calor quando saímos da igreja. Dirigimo-nos até o bar do El Puntido e bebemos algumas cervejas antes do jantar, que seria servido às 19h30. Consegui relaxar e trocar algumas mensagens por WhatsApp com padre Frederico. Ele estava se sentindo bem e pretendia sair bem cedo na manhã seguinte. Prometi que iríamos esperá-lo para partirmos juntos até Frómista, nosso próximo destino. Pelo menos aquele era o plano...

---

* O indiano Mohandas Karamchand Gandhi nasceu em uma família de elite, formou-se advogado e tornou-se um grande ativista pelos direitos dos indianos, além de símbolo mundial da não violência. Foi indicado cinco vezes ao Nobel da Paz, entre 1937 e 1948, mas nunca chegou a receber o prêmio. Décadas mais tarde, o Comitê do Nobel declarou seu arrependimento. Mahatma é um termo honorífico que significa "grande alma".

Imagens do Caminho.

16 DE JUNHO
HONTANAS – BOADILLA DEL CAMINO
DÉCIMO TERCEIRO DIA DE CAMINHADA

Naquele dia acordei mais tarde que o usual. Pontualmente às sete da manhã chegou o padre para o café. Eu estava contente. Havia tido uma boa noite de sono em um quarto privado e um quase exclusivo banheiro ao lado. Não precisar esperar na fila ou acelerar no banho já era por si só uma valiosa satisfação. Nada melhor do que algum tempo de privações para valorizar pequenas coisas do dia a dia.

Na saída de Hontanas, desenhado na parede lateral de uma casa caiada, havia um mapa do Caminho, um peregrino barbudo em trajes típicos e uma seta amarela em destaque, apontando a distância até Santiago de Compostela: 457 km. Naquela altura, depois do susto do dia anterior, e mesmo que ainda não tivesse atingido a metade do percurso, eu já não tinha mais a apreensão e as incertezas do início, quando pensava que não seria capaz de superar os mais de 800 quilômetros até o túmulo do apóstolo Tiago.

Logo que deixamos Hontanas, passamos pelas ruínas do *Convento de San Antón*. Curiosamente, a estrada asfaltada corta os vestígios das edificações, passando por baixo de dois grandes arcos góticos. Conta-se que a Ordem dos Antonianos fora fundada no ano de 1093 para atender aos enfermos do fogo sacro, ou mal de Santo Antônio, uma gangrena parecida com a lepra, que assolou o continente nos séculos X e XI. Muitos europeus, atacados pela dolorosa doença, faziam a peregrinação a Santiago e buscavam tratamento nesse hospital, razão pela qual ele fora construído distante da zona urbana. Séculos mais tarde, descobriu-se que o fogo sacro, ou mal de Santo Antônio, nada mais era que uma doença vascular provocada pela ingestão de pão de centeio com fungo.

Seguindo na direção do povoado de estilo românico de Castrojeriz, localizado na encosta de uma montanha, avistam-se, no topo, as ruínas de um castelo homônimo do século IX, *Castrum Sigerici*, palco de sangrentas batalhas entre cristãos e árabes até o ano de 1131, quando o rei castelhano Alfonso VII finalmente reconquistou Catrojeriz para o cristianismo. Estávamos passando em frente à *Iglesia de San Juan*, já na parte central do povoado, quando o padre comentou a respeito das fortes dores no tornozelo, fazendo-o estremecer ao mínimo toque descuidado no chão. Pouco depois, quase no final da ruazinha estreita que corta a cidade, passou por nós uma van, que costuma transportar os pertences dos peregrinos*. Devido à dor que estava sentindo, o padre Frederico cogitou parar o carro para solicitar que carregassem sua mochila, mas não o fez; preferiu seguir carregando sozinho seu fardo.

Assim que saímos de Castrojeriz, por um caminho de pedras e sob um sol forte, tivemos que encarar um acentuado aclive até o *Alto de Mostelares*. A vista lá de cima, contudo, compensou o sacrifício da subida. O azul do céu harmonizava com o colorido dos campos primaveris, formando um imenso mosaico natural, desenhado pelas estreitas e tortas trilhas brancas que cortavam cada uma de suas partes. Não teve como não sentar alguns minutos e ficar admirando aquele lindo espetáculo da natureza.

Quase três horas depois, alcançamos a ermida-albergue San Nicolás, do século XII. Segundo o relato do padre, que já havia pernoitado ali na primeira vez que fizera o Caminho, tratava-se de um refúgio cuidado por italianos da Ordem de Malta. Conta-se também que, seguindo uma tradição antiga, os hospitaleiros costumavam lavar os pés dos peregrinos, em sinal de boas-vindas.

Perto dali, atravessamos a *Puente Fitero* sobre o Rio Pisuerga, que também separa as províncias de Burgos e

---

* Esse tipo de serviço é oferecido em todos os trechos do Caminho. Os peregrinos podem optar por despachar as mochilas ou compras, a fim de caminharem mais leves. Em nenhum momento usei o serviço – cheguei a pensar que se tratava de coisas de "turisgrino", mas já em Saint-Jean-Pied-de-Port entendi que há pessoas que muitas vezes estão ainda convalescendo de alguma cirurgia, como, por exemplo, o amigo americano Arthur, e, no caso dele, poder despachar a mochila fazia todo sentido.

Palência. Construída no século XII, a *Puente Fitero* é mais uma majestosa obra românica, que impressiona pela formação de seus arcos.

Ainda próximo à ponte, paramos para beber água e avaliar o desgaste até aquele ponto. Eu caminhara de Hontanas até ali – não mais que 18 quilômetros –, mas o padre saíra às cinco da manhã de Hornillos del Camino, e ao todo ele já havia caminhado 29 quilômetros com o tornozelo inchado e dolorido. O plano original era ir até Frómista, ou seja, teríamos que andar ainda mais 16 quilômetros debaixo de um sol insuportável. Mas não havia condições físicas. Ficaríamos contentes se pudéssemos chegar a Boadilla del Camino, dez quilômetros à frente. Aquele foi talvez o dia de maior sacrifício no Caminho, para Frederico. Eu também estava em meu limite quando finalmente alcançamos o objetivo, mas ele chegou literalmente se arrastando ao povoado de Boadilla. Em uma manifestação de dor, tristeza e dúvida, o padre expressou a possibilidade de ter de desistir de ir até Santiago de Compostela.

Lembro-me de que naquele dia, depois de tomar banho e tratar as bolhas, sentado na cama do albergue, eu sorri e agradeci muito a Deus. Estava cheio de dores nos pés, no joelho e nas costas, mas ao mesmo tempo feliz e agradecido por tudo que estava vivendo. Havia vencido mais uma etapa do Caminho. Sentia-me abençoado, fortalecido e confiante para enfrentar novos obstáculos. Ao mesmo tempo, entendi que padre Frederico havia vencido a si mesmo, dando um bonito exemplo de superação ao chegar até ali, depois de percorrer quase 40 quilômetros em condições físicas totalmente desfavoráveis.

Não havia muito que ver no pequeno povoado de Boadilla del Camino, mas o pouco que tem lá é digno de lembrar, como é o caso da bela *Iglesia de Nuestra Señora de La Asunción*, do século XII, e do *Rollo Jurisdiccional*, uma alta coluna modelada em estilo gótico, decorada com vieiras, símbolo erguido próximo à igreja em homenagem ao Poder Judiciário, datada do século XV. Fora naquele ponto que reencontramos um dos curitibanos, o simpático Daniel Ribeiro, que estava acelerando o passo para tentar chegar a Santiago até o dia 2 de julho. Conversamos um pouco e ele nos levou para conhecer o albergue em que estava hospedado – lotado. De certo modo ficamos até aliviados em ter escolhido um refúgio privado, que era um pouco mais afastado, mas atraía menos peregrinos. Depois disso, movidos pelo cansaço, despedimo-nos do amigo brasileiro e retornamos ao refúgio. Ainda iríamos encontrá-lo em outro momento verdadeiramente memorável.

Imagens do Caminho.

17 DE JUNHO
BOADILLA DEL CAMINO – CARRIÓN DE LOS CONDES
DÉCIMO QUARTO DIA DE CAMINHADA

Iniciamos a caminhada com um céu lindamente estrelado. Eram 5h15. Demorou alguns minutos, em meio à escuridão, para que eu pudesse localizar uma seta amarela em uma espécie de trifurcação na saída de Boadilla del Camino. O desenho da Via Láctea, num magnífico espetáculo sobre nossas cabeças, apontava a direção que há muitos séculos orientava os peregrinos no Caminho de Santiago de Compostela.

Com os pés ainda frios, naquela manhã eu tinha imensa dificuldade de tocar o chão da trilha plana de pedregulhos. Sentia o ardente latejar das bolhas sendo pressionadas pelas botas. Além disso, a dor no joelho voltara forte e, mesmo que quisesse, não conseguia andar rápido. Seriam quase seis quilômetros até Frómista, em que havíamos marcado de nos encontrar com Samuel, que, com seu passo rápido, mais uma vez, nos deixara para trás no dia anterior. Durante boa parte daquele curto percurso, seguimos à margem do Canal de Castilla – uma grande obra de engenharia hidráulica, construída no século XVIII para irrigar a região. Depois de caminharmos por quase uma hora, os raios de sol começaram a brotar imponentes e alaranjados às nossas costas, formando um colorido intenso, mesclando-se ao azul do céu e às sombras das árvores, que se projetavam nas águas prateadas do canal. Uma cena linda que tive o privilégio de fotografar.

Demorei duas horas para percorrer um trecho que, normalmente, faria em pouco menos de uma hora e meia. O padre já estava restabelecido do tornozelo, porém, por cautela, também caminhou devagar, mantendo-se uns 500 metros à minha frente. Na chegada a Frómista, encontramos um Samuel já meio impaciente nos aguardando. Seriam ainda quase 20 quilômetros até Carrión de los Condes. Mas era preciso tomar um café e um anti-inflamatório antes de seguir viagem.

Enquanto nos dirigíamos até uma cafeteria, lembrei-me de algumas coisas que lera a respeito daquela vila. Depois de ser um celeiro visigótico, Frómista fora repovoada no século XI, tendo San Telmo – nascido ali no ano de 1190 – como patrono da cidade e dos marinheiros. Conta-se que este notável santo dedicou-se com afinco à evangelização da Galícia e do norte de Portugal. O centro da cidade, em frente à igreja gótica de *San Pedro*, construída no século XV, mantém viva a memória de San Telmo, apresentando-o em uma estátua na proa de um barco.

Em Frómista há também uma linda igreja românica, de San Martín, que no passado fazia parte de um mosteiro beneditino, fundado em 1066. Restaurada no início de século XIX, seu interior peculiar fora adornado com imagens sagradas e profanas, como macacos atarracados, um homem mordido por uma cobra com um demônio ao seu lado, uma mulher segurando um leão, entre outras. Segundo o padre, aquelas imagens fazem uma alusão ao pecado do homem. Contudo, a *Iglesia de San Martín* também conserva uma bela imagem do santo homônimo, muito popular entre os cristãos.

O trecho entre Frómista e Carrión de los Condes foi tranquilo, até monótono. Seguindo em linha reta, numa trilha paralela à rodovia, cruzamos pelos povoados de Población de Campos, Villarmentero de Campos e Villalcázar de Sirga. Na passagem por esta última vila, poucos quilômetros antes de chegar ao nosso destino final, resolvi parar para fotografar a lateral de uma máquina de refrigerantes que informava a distância até Santiago de Compostela: 419 km. Estava chegando à metade do Caminho.

Embora tivesse diminuído o desconforto das bolhas e abrandado um pouco a dor no joelho, cheguei bastante exausto em Carrión de los Condes. Logo na entrada da cidade, debaixo de um sol intenso, avistamos à esquerda o *Monasterio de Santa Clara*, onde fica o Albergue de las Madres Clarisas. Há dias havia feito planos, caso lá chegasse, de pernoitar naquele local. Fora naquele mesmo refúgio que, no ano de 1213, dormiu Francisco de Assis, quando também fazia sua peregrinação ao túmulo do apóstolo Tiago.

Depois de um banho reparador, fui tratar minhas bolhas, que estavam doloridas e haviam se multiplicado nos últimos dias. Logo em seguida, já na porta do refúgio, encontrei Antonio. Uma grata surpresa. Depois de pegar algumas caronas de carro, lá estava ele, juntando-se a nós novamente no Caminho. Assim que padre Frederico e Samuel apareceram, fomos os quatro almoçar e beber umas cervejas. Era a estreia da nossa seleção na Copa do Mundo de Futebol da Rússia. O Brasil não convenceu com um empate pífio de 1x1 contra a Suíça, mas o importante é que se tratava de um belo domingo de sol e podíamos relaxar um pouco.

Mais tarde, saí para conhecer Carrión de los Condes, um importante povoado medieval que, já no século XII, teria sido fundamental na fundação da Província de Castilla e também para as peregrinações jacobeias[*]. A cidade chegou a ter oito igrejas, cinco conventos e quatro hospitais. O *Monasterio de San Zoilo*, por exemplo, tem um lindo claustro renascentista; a *Iglesia de Santa María del Camino* tem um austero pórtico românico; mas o que me impressionou foi o retábulo de estilo gótico do *Monasterio de Santa Clara*. Formado por três corpos de colunas salomônicas, com lindas pinturas e esculturas, o retábulo adorna ao centro uma bela imagem gótica da Imaculada. Foi naquele majestoso lugar, já no finalzinho da tarde, que, com as freiras clarissas, assistimos a uma missa celebrada pelo padre Frederico.

---

[*] Jacó (ou Jacob) é um nome que tem origem no hebraico Jacobus, que significa "aquele que Deus favoreceu". A evolução natural das línguas dos diversos países levou Jacob a ser utilizado como James (inglês), Giacomo (italiano), Jacques (francês), Jakob (alemão), Yakov (russo) e Tiago (português). Portanto, Caminho Jacobeu é o mesmo que Caminho de Santiago.

A estada em Carrión de los Condes foi algo realmente especial. Antes de dormir, já deitado no escuro silencioso do refúgio, pensei em São Francisco de Assis. Tantos séculos antes, ele esteve ali, dormira naquele mesmo local. Fechei os olhos e mentalmente lhe pedi ajuda, rezei para que abençoasse meu joelho. Afinal, já fazia dias que caminhava mal e quase não conseguia dormir direito – a perna doía a cada movimento durante o sono, fazendo-me gemer e despertar. Naquela noite, porém, lembro-me de ter acordado algumas vezes, mas, para meu espanto, não sentia dor alguma. Na manhã seguinte, caminhei como se fosse o meu primeiro dia no Caminho de Santiago de Compostela.

Imagens do Caminho.

18 DE JUNHO
CARRIÓN DE LOS CONDES – SAHAGÚN
DÉCIMO QUINTO DIA DE CAMINHADA

O dia ainda não havia amanhecido quando partimos de Carrión de los Condes, antes das seis da manhã, na direção de Sahagún. Não estavam previstas dificuldades de subidas e descidas, mas ainda assim havia o desafio de vencer os 38 quilômetros até a localidade que oficialmente marca a metade do Caminho que leva a Santiago de Compostela. Ao atravessar sobre o Rio Carrión, seguimos pela Via Aquitana rumo ao povoado de Calzadilla de la Cueza, um trecho longo e absolutamente solitário de 17 quilômetros. Naquelas primeiras horas da manhã, agradecido e emocionado, ainda estava tentando entender aquela completa ausência de dor no meu joelho.

Era por volta de 10h quando alcancei Calzadilla de la Cueza. Caminhava com um bom ritmo, muito embora o padre e Samuel já estivessem alguns quilômetros à minha frente. Mas sentia-me bem ao andar sozinho. Precisava conversar comigo mesmo, às vezes me confessando com Wilson, que, silencioso, agia como um bom psicanalista lacaniano. Ao longo do Caminho, confidenciei a ele algumas carências, dores e emoções que durante minha vida precisei ignorar, para não sucumbir em um processo de depressão crônica. O uso de antidepressivos e álcool havia sido apenas paliativo ao longo de alguns anos. Nesse dia, lembro-me de que desabafei com Wilson sobre relacionamentos desfeitos, sobre o bloqueio que me impedia de gostar e amar alguém – quando tinha todos os motivos para simplesmente ser feliz. Por um tempo, acolhido por uma boa psicóloga do Rio de Janeiro, busquei tratar esse boicote à felicidade por meio de dolorosas sessões de terapia. Fora muito difícil explorar os mais recônditos sentimentos e lembranças, há muito aprisionados em um baú do meu inconsciente. Lá dentro, ainda vivos e ferozes, deparei com alguns monstros que encurralavam um pobre menino abandonado. Triste e perdido no escuro, inutilmente buscava pela figura do pai sem conseguir descrever-lhe o rosto.

Depois de cruzar pelo povoado de Calzadilla de la Cueza, atravessei a rodovia N-120 e entrei em um caminho estreito, paralelo à estrada e cheio de pedras irregulares, que dificultavam andar rápido – sempre haverá pedras no caminho, refleti, enquanto parava para beber água e tirar mais uma foto do Wilson naquele imenso deserto de trigo verde, florido com papoulas vermelhas. Mais seis quilômetros adiante e alcancei a vila de Ledigos – parei rapidamente para lavar o rosto e abastecer o cantil na fonte da rua principal. Uma placa presa à parede de uma casa de tijolos sem pintura informava que ainda faltavam 374 quilômetros até Santiago de Compostela. O sol já estava intenso, mas eu caminhava firme, destemido e contente. Minhas introspecções continuavam me fazendo bem. Sabia que, de alguma forma, estava vencendo a mim mesmo.

Logo à frente, depois de pouco menos de três quilômetros, parei no povoado de Terradillos de los Templarios. Não havia muito que ver ou fazer naquela vila, mas estava com fome e entrei no restaurante do Albergue Jacques de Molay para comer uma *tortilla*, e acabei bebendo duas *cañas* geladas para aliviar a sede. Aproveitei para carimbar minha credencial – afinal de contas, não era todo dia que cruzava por um local onde os Cavaleiros Templários haviam deixado sua marca, ao criar um convento no Caminho. Depois daquele rápido e agradável almoço com cervejas, tive impulsos de dormir à sombra de uma robusta árvore, quiçá encerrar o dia por ali mesmo. Não o fiz. Nem mesmo o sol implacável à saída do restaurante do refúgio abalou minha coragem. Estava determinado a continuar.

Na saída de Terradillos, fiquei surpreso ao encontrar Samuel, que descansava junto à fonte do povoado. Ele estava visivelmente castigado pelo sol. Depois de me cumprimentar efusivamente, caminhamos juntos e em silêncio por algum tempo; mas naquela tarde eu queria mesmo era ficar sozinho e continuar fazendo minha autoanálise, tendo Wilson como confidente. Apertei o passo e o deixei para trás, sem nenhum sentimento de culpa.

Sabia que, mais cedo ou mais tarde, ele também chegaria ao destino planejado – mesmo ainda faltando cerca de 12 quilômetros até Sahagún.

Nas três horas seguintes, ainda passei pelas vilas de Moratinos e San Nicolás del Real Camino, até chegar, exausto, à cidade de Sahagún, depois de ter percorrido os 38 quilômetros planejados naquela manhã. Antes disso, porém, houve uma situação digna de ser narrada. Faltando pouco mais de um quilômetro para o destino final, em vez de continuar pela trilha paralela à esquerda da rodovia, o Caminho faz os peregrinos atravessarem a estrada e andarem para a direita, induzindo-os a cruzar por sobre a Ponte de Peregrinos e pela *Ermita de la Virgen del Puente*. Esse pequeno desvio, entretanto, aumenta em quase um quilômetro a distância, até propriamente adentrar a cidade de Sahagún. Depois de quase 40 quilômetros de caminhada, eu havia ficado aborrecido com aquela volta, claro, mas em nada me comparava ao padre Frederico. Devido ao seu desgaste físico, já no albergue do *Monasterio de Santa Cruz Benedictinas*, ele me confidenciou que ficara revoltado por não ter ignorado as setas amarelas, que o fizeram andar aquele trecho sem necessidade. Apesar da dor e do cansaço, rimos da volta tortuosa e redentora que levava ao centro do povoado. Por fim, brinquei lembrando uma frase que diz que se a caminhada é difícil, é porque você está no caminho certo – mas naquela altura já não tinha muita graça fazer menção a metáforas.

Fundada no século IX, a cidade de Sahagún muito favoreceu a rota das peregrinações e o desenvolvimento da localidade. No século XII, Aymeric Picaud, em seu *Codex Calixtinum*, disse se tratar de um povoado cheio de toda ordem de prosperidades. Artisticamente, com suas construções de tijolos em vez da utilização de pedras, Sahagún representa uma pura referência do românico misturado à influência árabe. Alguns exemplos disso são a *Iglesia de San Tirso*, a *Iglesia de San Lorenzo* e a própria *Ermita de la Virgen del Puente*, pela qual passamos naquela tarde, onde jazem alguns peregrinos que nunca chegaram à casa do apóstolo.

Depois de um banho edificante, fiz o ritual das bolhas e resolvi organizar e realizar uma nova limpeza na mochila. Deixei para trás um pouco do pouco que já carregava. Dispensei remédios, uma camiseta e um par de sandálias Havaianas. Estava cansado demais e não tive condições de acompanhar padre Frederico à missa. Mais tarde, encontramos o Samuel, que se hospedara no refúgio municipal, e fomos os três a um bar próximo, situado em uma pequena e sombreada praça de esquina, comer empadas com uma boa taça de vinho. O jantar não fizera bem ao padre, que não conseguiu dormir à noite devido a uma indisposição estomacal. Aquele pequeno contratempo haveria de deixá-lo enfraquecido no dia seguinte. E eu era incapaz de imaginar a imensa situação de perigo que estava prestes a enfrentar em Mansilla de las Mulas, meu próximo e quase último destino no Caminho de Santiago.

Imagens do Caminho.

19 DE JUNHO
SAHAGÚN – MANSILLA DE LAS MULAS
DÉCIMO SEXTO DIA DE CAMINHADA

Mais um dia de peregrinação que começava cedo. Ainda não havia amanhecido quando atravessamos o *Arco de San Benito*, na saída de Sahagún, uma imponente obra barroca construída no século XVII por Felipe Berrojo. Em seguida, cruzamos pela *Puente Canto* sobre o Rio Cea e tomamos a direção de Calzada del Coto, seguindo por uma trilha arborizada à margem da estrada. Seria um total de 37 quilômetros até o povoado de Mansilla de las Mulas, em um cenário de trilhas áridas e planas que se repetiam em termos visuais. Já havíamos cruzado as províncias de Navarra, La Rioja, Burgos, Palência e, desde San Nicolás del Real Camino, havíamos adentrado León.

Menos de cinco quilômetros à frente, alcançamos Calzada del Coto e paramos em um bar recém-aberto para tomar café. Naquele dia, Samuel estava se despedindo do Caminho. Andaria conosco pouco mais de 13 quilômetros até El Burgo Ranero, onde faria baldeação de trem para Madri, a fim de pegar seu voo de regresso aos Estados Unidos – ele precisava voltar aos seus estudos no Colorado. De modo discreto e lacônico, característicos dele, foi educado ao agradecer nossa companhia e ajuda que lhe demos para pagar algumas despesas, quando o dinheiro já estava acabando. Ainda prometeu escrever quando retomasse o Caminho no ano seguinte. A humanidade não está perdida, pensei, desejando uma boa viagem de retorno àquele peregrino que, durante vários dias, compartilhou histórias e desbravou a rota jacobeia ao nosso lado.

Depois do povoado de Bercianos del Real Camino, seis quilômetros adiante, já não vimos mais a figura do Samuel, que caminhava acelerado, parecendo ter pressa de alcançar logo o primeiro transporte de retorno à sua casa e família. Pensei na minha própria situação e me senti saudoso. Estava há quase 20 dias naquela jornada de autoanálise, encontros, descobertas, chegadas e partidas, que já fazia parecer que estava há muito mais tempo em minha busca pessoal. Mas sabia que estava num bom combate, e era preciso admitir que há momentos em que nos sentimos frágeis – bastava aceitar a saudade despertada.

Na altura do povoado de El Burgo Ranero, já estava caminhando sozinho. Seguindo por uma longa e plana trilha de britas pequenas, avistava o padre bem à frente, rezando o terço matinal.

Enquanto passava por mais uma cruz de Santiago, aproveitei para, de novo, revirar minhas lembranças e retomar minhas conversas com Wilson. Falei para ele de pessoas próximas, meu padrasto e um tio querido, que haviam partido há poucos anos e ainda eram sentidas. Lembrei-me das pessoas que amo e daquelas que passaram e não permaneceram em minha vida. Meus amigos também estavam lá. Um deles, o Décio, quase que diariamente enviava mensagens encorajadoras. No dia anterior, recebera o seguinte texto: "Existem pedras no caminho, sim, mas as flores são em quantidade bem maior". Talvez ele não fizesse ideia de como aquilo fora edificante naqueles dias de busca e introspecção. De certo modo eu estava me perdoando por erros cometidos, uma tentativa de ficar em paz comigo mesmo.

Na chegada a Reliegos, padre Frederico esperava por mim em frente à fonte. Ele caminhara pouco mais de 31 quilômetros e não conseguiria continuar; estava no limite físico em razão do contratempo que tivera na noite passada. Embora o sol da uma da tarde estivesse torturante, eu me sentia impelido a continuar – ainda restavam seis quilômetros até Mansilla de las Mulas. Despedimonos e prometi esperá-lo na manhã do dia seguinte, para juntos caminharmos até a cidade de León.

Fiquei contente por ter escolhido pernoitar em Mansilla de las Mulas. Logo na chegada, fotografei o bonito monumento de um cruzeiro, com Jesus crucificado ao topo e, abaixo, um casal de peregrinos sentados: o homem com a cabeça abaixada, voltado à mochila, e a mulher descansando a cabeça na palma da mão direita, em estado contemplativo.

Na chegada ao albergue municipal, que ficava já quase no final da rua em que termina o povoado, li em uma placa que só estaria aberto às 17h30. Estava suado, precisando urgentemente de um banho, mas o jeito era mesmo esperar as três horas que faltavam. Em um restaurante quase em frente, do lado de fora, escolhi uma mesa para almoçar. Estava faminto, e o *menu del peregrino*, naquele dia, oferecia espaguete à bolonhesa, acompanhado de pão e vinho tinto. Fiz um verdadeiro *slow food* enquanto, sem pressa, aguardava a abertura da secretaria do refúgio.

Exatamente no horário indicado, fui atendido pela gentil hospitaleira Laura. Logo na entrada, junto a uma parede da recepção, via-se um painel repleto de fotos que contavam a história de seus 24 anos de dedicado trabalho, recebendo e orientando peregrinos de todas as partes do mundo. De forma direta e segura, ela me passou as informações básicas, e segui albergue adentro em busca de uma cama.

Fundada no ano de 1118, boa parte da cidade de Mansilla de las Mulas é cercada por longas e altas muralhas medievais. Entre seus monumentos e fortificações, ainda se destacam a *Iglesia de Santa María*, a *Ermita de la Virgen de Gracia*, o *Convento de San Agustín* e a *Puerta de Santiago* (ou *Puerta del Castillo*).

Apesar do cansaço do dia de caminhada, depois de tomar um banho gelado e organizar as coisas no refúgio, resolvi sair para conhecer um pouco daquela vila e fazer algumas fotos. A pouco mais de cem metros de distância, alcancei a imponente ponte romana sobre o Rio Esla. Mas não havia como fotografá-la na posição em que eu estava. Além da copa alta das árvores muito próximas, o bloqueio das muretas caiadas laterais impedia qualquer ângulo para uma boa foto. Assim, tive que caminhar por uma rua lateral até chegar a uma escada de pedra, na fenda de parte do muro romano. Gostei. Havia uma boa luz de final de tarde de verão e o monumento milenar compensava o esforço. Iniciei a descida da escada sem olhar para o chão. Foi quando, dentre a vegetação rasteira e as pedras de um dos degraus, saiu uma serpente deslizando suavemente. Ela media quase um metro de comprimento e tinha uma mescla de cores cinza e verde, uma camuflagem em perfeita combinação com as cores do cenário. Instintivamente, o medo me fez saltar para trás e resvalar no limo da pedra. Ao cair de costas na escada, senti uma dor cálida no cotovelo do braço direito. Imóvel, apenas olhei indefeso para frente e esperei pelo pior. A cobra, de corpo esbelto, tinha uma cabeça achatada e triangular. Estava encolhida, com parte de seu corpo no ar, a menos de dez centímetros de minhas pernas desnudas. Estremeci. O bote da víbora era certo e iminente. Quase que por uma fração de segundos, tive a sensação de que ela me olhou segura nos olhos, pronta para a investida fatal.

Felizmente, para o meu total alívio, a cobra abaixou-se e deslizou apressada por entre as pedras e a vegetação. Devido ao susto, eu não conseguia parar de tremer. Sentia meu coração palpitar disparado. Não conseguia acreditar que havia ficado cara a cara com uma serpente e, ainda assim, havia saído ileso daquele inesperado encontro. Ao me afastar dali, minutos depois, minhas pernas continuavam tremendo muito. Retornei ao albergue, bebi água e deitei na cama, em completo silêncio. Mais uma vez, inexplicavelmente, havia sido miraculado no Caminho de Santiago de Compostela.

Pórtico medieval: Mansilla de las Mulas.

20 DE JUNHO
MANSILLA DE LAS MULAS – LEÓN
DÉCIMO SÉTIMO DIA DE CAMINHADA

Naquele dia não precisei acordar tão cedo. Esperaria pelo padre Frederico a fim de voltarmos a caminhar juntos. Seria um trecho fácil: pouco menos de 20 quilômetros até a cidade de León. Quando ele bateu à porta do albergue, Wilson e eu já estávamos no corredor, despedindo-nos da atenciosa hospitaleira Laura. Em seguida, tomamos café em um bar local e, antes das 8h, deixamos Mansilla de las Mulas pela ponte de pedra sobre o Rio Esla. Às nossas costas ficavam as belas muralhas medievais da cidade. Contei ao padre o episódio do assombroso encontro com a cobra. Depois de me ouvir com atenção, ele concordou que realmente se tratava de um milagre eu não ter sido picado.

Por um bom trecho, seguimos uma trilha agrícola muito próxima da autoestrada. O visual não se diferenciava dos dias anteriores; talvez um pouco, em razão do surgimento de algumas subidas e descidas, as quais foram sentidas porque já não estávamos mais tão acostumados. Porém, isso não chegou a ser incômodo. O desagradável era caminhar próximo de uma rodovia movimentada – devolvendo-nos ao cenário e ao barulho de tráfego do mundo moderno. Passamos pelo povoado de Villamoros de Mansilla e, pouco depois, alcançamos Villarente.

A *Puente de Villarente* é uma imensa construção medieval de 20 olhais sobre o Rio Porma. Segundo uma lenda, um peregrino e a filha de um camponês rico gravaram o contorno das mãos, em sinal de amor, nas bases de um dos primeiros olhais da ponte, prometendo que voltariam a se unir naquele local quando o peregrino voltasse de Santiago. No regresso, entretanto, a ponte estava submersa devido a uma violenta cheia. Foi quando o casal invocou São Tiago e as águas baixaram, permitindo-lhes cumprir o prometido e selar seu amor para sempre.

Depois de Villarente, seguindo por um longo caminho que se estende pela estrada N-601, ainda passamos por Arcahueja e Valdelafuente, antes de avistar, de cima da colina denominada Alto del Portillo, a bela cidade de León.

No século X, já no auge das peregrinações a Santiago de Compostela, León era considerada a cidade mais importante do reino cristão espanhol. Sua fundação, contudo, remonta ao século I, com a antiga sede da VII Legião romana, por lá instalada no ano 68 d.C.

NA DIREÇÃO DAS SETAS AMARELAS

O dia estava lindo. Sob um sol intenso, lentamente atravessamos a *Puente Castro*, naquele iniciozinho de tarde, rumo ao centro histórico da cidade. Dirigimo-nos direto ao Albergue San Francisco de Asís, junto à praça homônima. Depois de um banho reparador, saímos para almoçar. As opções eram tantas que resolvemos quebrar o protocolo e não procurar pelo *menu del peregrino*. Quase em frente à majestosa *Catedral de Santa María de la Regla*, paramos em um dos restaurantes – daqueles com sombreiro e confortáveis mesas na calçada – e pedimos o tradicional risoto de cordeiro, acompanhado de uma boa garrafa de vinho tinto da região de León. Sem dúvida, mais uma inenarrável experiência gastronômica.

À medida que os dias passavam, embora eu tenha demorado um pouco para perceber, passei a notar que minhas roupas estavam ficando cada vez mais folgadas: as camisetas estavam espaçosas e as calças exigiam seguidos apertos do cinto. Mesmo me alimentando muito bem todos os dias, inexoravelmente a peregrinação estava me fazendo perder peso.

Na parte da tarde, aproveitei para visitar a belíssima catedral gótica. Conta-se que fora construída sobre ruínas de termas romanas, entre os séculos XIII e XIV, sob a égide da rota jacobeia, com técnicas e planos inspirados no Caminho. A *Catedral de Santa María de la Regla* possui três naves grandes e uma girola, com cinco capelas radiais. O interior impressiona por sua magnífica beleza, traduzida em um espetáculo de luzes e cores através de seus delicados vitrais, que ocupam cerca de 1.800 metros quadrados. Seguindo a tradição, caminhei até o pórtico

163

ocidental a fim de pôr a mão no desgastado pedestal da imagem do apóstolo Tiago.

Depois dessa visita, na Plaza de San Marcelo, muito próximo da Calle Ancha (rua principal), ainda fotografei a linda *Casa Botines*, obra criada em estilo neogótico por Gaudí, hoje pertencente ao Banco Caja. Além disso, também registrei o *Palacio de los Guzmanes*, sede do Poder Legislativo, com sua frente elegantemente protegida por um delicado trilho de flores brancas e vermelhas.

Após o passeio, quando já retornava ao albergue, passou por mim um grupo de estudantes adolescentes. Vestidas com uniforme escolar, elas caminhavam aceleradas, porém cantarolavam leves e felizes, pelas estreitas e charmosas ruas históricas de León. Senti muita saudade da minha adolescentezinha que estava no Brasil. Graças à tecnologia ao alcance da mão, pude ligar e ouvir a voz dela.

À noite, junto ao albergue, tivemos missa na *Iglesia de San Francisco*. Foi mais uma bonita cerimônia concelebrada pelo padre Frederico, que, em sua participação, agradeceu pela proteção e pelas graças alcançadas no Caminho de Santiago de Compostela.

No retorno ao refúgio, lendo algumas informações presas no mural da recepção, deparei com a seguinte frase: "Agradeça cada não que te fez olhar a vida por outra perspectiva e te fez buscar novos caminhos". Senti-me correspondido em minha busca por respostas – aquela mensagem dizia muito sobre mim mesmo.

---

* Um dos mais importantes arquitetos espanhóis.

Interior da Catedral de Santa María de la Regla.

São Francisco de Assis.

21 DE JUNHO
LEÓN – HOSPITAL DE ÓRBIGO
DÉCIMO OITAVO DIA DE CAMINHADA

Deixamos León antes que despertassem as primeiras luzes do dia. As ruas estavam vazias, iluminadas e lustradas de tão limpas. Em uma placa com a seta amarela, presa à parede de uma loja de souveniers, li que ainda faltavam 309 km até Santiago de Compostela. A previsão era de chuva, mas o azul que começava a se descortinar no céu sem nuvens revelava que o sol prevaleceria. O plano, naquele dia, previa caminhar até o povoado de Hospital de Órbigo, a quase 32 quilômetros. Minutos depois de passar pelo centro histórico, alcançamos o esplendoroso *Monasterio de San Marcos*. No passado fora casa matriz da Ordem de Santiago, protetora dos peregrinos; hoje está transformado em hotel de luxo. Já na saída de León, pela ponte romana do Rio Bernesga, lamentei não ter visitado a *Real Basílica de San Isidoro*, considerada a Capela Sistina da arte românica na Espanha. Enfim, mais um motivo para um dia regressar a León.

Sempre na direção oeste, passamos por Trobajo del Camino, um bairro de León, e em seguida, pouco mais de três quilômetros adiante, alcançamos a moderna e notável *Basílica de la Virgen del Camino*. Sua fachada apresenta a Virgem, ao centro e elevada, protegida pelos 12 apóstolos, seis de um lado e seis de outro, todos em estátuas de seis metros de altura. Distingue-se o apóstolo Tiago Maior em razão do desenho das conchas de vieira forjadas em sua imagem.

Depois dessa breve parada, atravessamos a estrada e pegamos uma trilha de chão batido, à esquerda, paralela à rodovia N-120, na direção do povoado de Villadangos del Páramo. Havia um caminho opcional, indicando uma espécie de atalho. Junto à placa informativa, um peregrino espanhol parou ao nosso lado e disse que seguiria por aquela via alternativa, convidando-nos a segui-lo. Respondi que preferíamos ir pelo caminho normal. Ele me olhou com ar de desdém e continuou a viagem, sem se despedir. Ignorei. Afinal de contas, o padre e eu não estávamos no Caminho de Santiago buscando por atalhos para chegar mais rápido. Mas o imprevisível aconteceu. Pasmem! Quase dois quilômetros à frente, passou por nós aquele mesmo peregrino espanhol. De cabeça baixa, passo acelerado, resmungando alguma coisa e parecendo irritado consigo mesmo. Imaginei algumas hipóteses: ele caminhou um pouco e teve receio de seguir sozinho pela trilha, ou o caminho estava bloqueado, ou o atalho estava mal identificado. Seja qual for o motivo que o fez regressar, o fato é que, um tempo depois, aquilo quebrou nosso silêncio. Sem precisar dizer nada, como bons cúmplices, o padre e eu nos olhamos e começamos a rir da cena inusitada!

Em termos de beleza, o Caminho não empolgou muito naquele trecho percorrido, mas chegar a Hospital de Órbigo foi bem surpreendente. A imensa ponte romana que dá acesso ao centro do povoado é uma das mais impressionantes da rota. Havia lido, em meu guia de viagem, que aquele local fora palco de inúmeras batalhas medievais e que a infraestrutura da cidade tinha sido modelada como um memorial em homenagem a todos os feridos nessas lutas.

Calmamente atravessei a ponte, toda calçada com pedras redondas e niveladas, tendo uma trilha de pedra lisa ao centro, para facilitar as pisadas dos peregrinos esgotados. Parei por alguns instantes para fotografar o Rio Órbigo lá de cima. Havia vencido mais uma etapa, porém muito menos importante que a batalha do cavaleiro leonês Don Suero de Quiñones. Conta uma lenda que, no ano santo de 1434, ele realizou uma façanha no centro daquela ponte que recebeu o nome de "passo honroso de armas". Com nove companheiros, Don Suero organizou um torneio de armas para conquistar o amor de sua dama, dona Leonor Tovar. De acordo com o desafio, o cavaleiro que passasse pela ponte deveria quebrar três lanças contra ele e seus nove companheiros. No confronto, depois de rompidas 166 lanças, apenas uma pessoa morreu, e Don Suero saiu vitorioso de todos os combates travados com inúmeros cavaleiros. Mesmo ferido, Don Suero de Quiñones ainda peregrinou até o túmulo do apóstolo. Dizem que a história desse cavaleiro inspirou Miguel de Cervantes a escrever o clássico *Don Quixote de la Mancha*.

Estava muito cansado. Às duas da tarde, debaixo daquele sol forte, eu suava em bicas quando cheguei ao albergue paroquial. A hospitaleira, antes de fazer meu registro, levantou-se e gentilmente foi até o bebedouro, servindo-me com um copo de água gelada. Pelo sotaque notei que ela não era espanhola, mas não quis comentar. Padre Frederico chegara mais cedo. Já estava resolvido, de banho tomado, enquanto eu, em meu estado deplorável, ainda carimbava minha credencial.

Depois de algum tempo, famintos, saímos os dois para almoçar. Próximo ao refúgio, encontramos um restaurante chamado La Encomienda. Pelo lado de fora, devido à sua fachada discreta, quase não se nota o estabelecimento. Não fosse a placa indicativa do *menu del peregrino*, presa à porta, creio que passaríamos direto. Entramos por pura falta de força física para procurar outro local. Uma grata surpresa! Comemos o melhor *menu del peregrino* de toda a rota jacobeia. Lembro que, de entrada, veio uma salada mista maravilhosa, seguida de um prato de carne de cervo com batatas, típico da região, tudo isso servido com um ótimo vinho tinto.

Depois daquele belo almoço, tentei tirar uma *siesta*. Mais tarde haveria missa aos peregrinos. O sol entrava imponente pela janela do albergue. Faltavam menos de 300 quilômetros e eu estava cada vez mais confiante na chegada a Santiago de Compostela. Se tudo desse certo, no domingo, em 1º de julho, estaríamos lá para a missa de Pedro e Paulo.

Eu estava magro, cabeludo e barbudo. Já não me parecia mais com aquele sujeito barbeado e bem alimentado que chegara há 20 dias na Espanha. Por outro lado, estava muitíssimo feliz com o aprendizado, com as dores sentidas e superadas. Com os medos, as angústias e as incertezas vencidas. Quanta coisa vivera até então? Quantas pessoas diferentes conheci no Caminho, e que jamais iria encontrar novamente? Uma ou outra, talvez, pelo acaso do destino, mas evidente que não todas. Aquela reflexão fazia parecer que já fazia muito tempo que dera o primeiro passo em Saint-Jean-Pied-de-Port. Confiante, estava conseguindo vencer a mim mesmo, afastando os fantasmas que me fizeram pensar em desistir, como ocorrera em momentos de desespero em Pamplona. Sabia que ainda tinha muito chão pela frente. Mas também sentia uma vontade enorme de acordar pela manhã e continuar a peregrinação.

Trecho final da imensa ponte de Hospital de Órbigo.

22 DE JUNHO
HOSPITAL DE ÓRBIGO – ASTORGA
DÉCIMO NONO DIA DE CAMINHADA

De Hospital de Órbigo até Astorga foram apenas 16 quilômetros, vencidos, sem pressa, em pouco menos de quatro horas de caminhada. Na tarde do dia anterior, meu iPhone havia apresentado um problema de acionamento. Sem querer acabei ativando uma função que me impediu de fazer ligações e fotografar o Caminho até Astorga. Por sorte, para ambas as situações, pude contar com o apoio do padre Frederico.

Antes de adentrar o povoado de San Justo de la Vega, restando ainda cerca de quatro quilômetros até alcançar nosso objetivo, chegamos ao alto de um monte. Lá de cima, tem-se uma vista panorâmica de Astorga, e é lá que fica o bonito *Crucero de Santo Toribio*, com a cidade ao fundo. Sentado ao pé da cruz, encontramos mais um personagem do Caminho, o Fontes. Com um violão na mão e poucas notas dedilhadas, repetidas vezes ele cantava um mesmo verso, aumentando a batida enquanto nos aproximávamos: *"Yo soy peregrino y voy a Santiago, lá, lá, lá!"*

Depois de receber uma contribuição, ele perguntou nossa nacionalidade e imediatamente mudou o sujeito do verso, sempre entoando a mesma batida no violão: "Yo soy brasileño y voy a Santiago, lá, lá, lá!"

O problema do travamento do telefone foi facilmente resolvido pelo Roberto, proprietário de uma loja de telefonia no centro de Astorga, logo na chegada. Lamentei não ter registrado o nome de seu estabelecimento, mas muito agradeci pela gentileza espontânea e gratuita. Na verdade, chegamos ao Roberto por indicação da atendente de um café, que reconheceu o padre que passara férias na cidade uma década antes, quando ainda era seminarista em Roma.

Eu estava satisfeito por ter segurado meu ímpeto e ter caminhado menos naquele dia. Fora muito bom ter ficado em Astorga. Na chegada ao Albergue San Javier, o hospitaleiro francês tratou-nos mal e asperamente. Ainda era cedo, o refúgio estava fechado e ele negou-se a dar informação, inclusive sugerindo que procurássemos outro lugar, caso não quiséssemos esperar até as 13h (era pouco mais de dez da manhã). Resolvi também alterar o tom. Falei em inglês para ele que estávamos sendo educados e que não havíamos feito nada errado, só estávamos pedindo esclarecimentos, mas se fôssemos um problema iríamos embora. Foi quando ele recuou. Falou que há muitos peregrinos desrespeitosos, porém entendia que aquele não era o caso. Depois disso, falamos amenidades e tudo ficou bem. Ele acabou sugerindo que deixássemos lá as mochilas até a hora de fazer o registro de entrada. No fundo, por trás da máscara austera e ríspida, escondia-se um bom homem que já fizera 23 vezes o Caminho de Santiago. Agora se aprazia fazendo um trabalho voluntário, servindo a Deus, no auxílio a outros peregrinos.

Conforme registros históricos, o imperador francês Napoleão Bonaparte teria residido em Astorga durante combates na Península Ibérica. No entanto, a história da cidade é muito mais prolífica. Em seus primórdios, Astorga fora reconhecida por ter sido um dos primeiros núcleos do cristianismo espanhol. Parte dos limites territoriais, ainda hoje, é demarcada por antigas muralhas romanas. Sua sede episcopal, do século III, é uma das mais antigas da Espanha.

A linda *Catedral de Santa María* fora erigida sobre ruínas de um templo pré-românico do século XI. Sua construção iniciou-se no século XV e só foi concluída no século XVII, o que permitiu uma mistura dos estilos gótico e barroco. Na parte externa, a Catedral tem duas enormes torres gêmeas, e suas laterais são formadas por janelas de arcos semicirculares. Internamente, o edifício possui três naves e amplas capelas laterais. O retábulo, grandioso, impressiona por sua beleza e riqueza de detalhes, que narram em imagens passagens da história cristã. Durante minha visita, surpreendi-me ao saber que, junto à Catedral, está localizado o *Hospital San Juan Bautista*, do século XI. Lá pernoitaram São Francisco de Assis e seu discípulo Bernardo, quando peregrinavam a Santiago de Compostela.

Depois de conhecer a Catedral, padre Frederico, que continuava se recusando a pagar para entrar na casa de Deus, decidiu me acompanhar na visita ao belíssimo *Palacio Episcopal*. Erguido no ano de 1887, essa obra foi projetada por Gaudí em estilo neogótico, a pedido do bispo Juan Bautista Grau y Vallespinós. Conterrâneos da cidade de Reus, Província de Tarragona, o bispo pediu ajuda ao arquiteto modernista, uma vez que o antigo palácio havia incendiado. Prontamente, Gaudí, então dedicado à construção da Sagrada Família em Barcelona, aceitou o encargo como um favor pessoal a seu amigo Juan Bautista. O que se vê, contudo – seja por dentro, por meio da harmonia de seus espaços, seja por fora, por seu desenho e fachada de granito branco –, é uma das mais belas obras da arquitetura moderna espanhola. Dentro do *Palacio Episcopal* está instalado o rico *Museo de los Caminos*.

Depois daquele farto alimento cultural, fomos almoçar na Plaza Mayor. Segui a recomendação de um peregrino e comi um prato típico da região: maragato. O nome maragato é bem familiar, mas não tem qualquer relação de significados. Para nós, brasileiros, representa os gaúchos que participaram das revoluções no Rio Grande do Sul, nos séculos XIX e XX, combatendo o grupo dos considerados chimangos. Na Espanha, o nome é um pouco controverso, mas pode ter sua origem no rei Mauregato e sua dinastia. Enfim, o prato é um delicioso cozido que inclui sete diferentes tipos de carne, acompanhado de grão de bico e diversos legumes.

Naquela tarde, durante o almoço, vimos o Brasil vencer a Costa Rica por 2x0. Neymar se esforçou, mas acabou não fazendo uma grande partida – talvez o melhor em campo tenha sido Marcelo, por seu incansável esforço.

Horas depois, quando a maioria dos peregrinos já havia chegado ao albergue, conheci um rapaz que tinha brigado com a namorada poucos dias antes de iniciar o Caminho. Ele estava claramente arrependido e não sabia o que fazer, pois no dia seguinte seria o aniversário dela. Foi quando, entre uma conversa e outra, ele teve uma ideia de homem apaixonado. Convidou um grupo de peregrinos de diversas nacionalidades e pediu que cada um, em sua língua, dissesse as palavras "eu te amo", enquanto ele filmava. Romântico e criativo, ele fez uma bela demonstração de amor – torci por um desfecho feliz daquela história.

O mundo seguia seu curso e eu seguia minha busca interior. Estava apreensivo com o dia seguinte. O plano era caminhar até o vilarejo de Foncebadón, o temido lugar em que um famoso peregrino narrou seu encontro com o demônio.

Imagens do Caminho.

23 DE JUNHO
ASTORGA – FONCEBADÓN
VIGÉSIMO DIA DE CAMINHADA

    Guiados pelas setas amarelas e pelos primeiros raios de sol, deixamos Astorga pouco depois das seis da manhã. Dormira próximo de uma janela de sótão, através da qual consegui admirar as estrelas até pegar no sono. Estava bem-disposto naquele dia, mesmo sabendo que tinha um percurso de mais de 25 quilômetros e uma intensa subida pela frente – quase 600 metros – até alcançar o tão místico povoado de Foncebadón.

    Por volta das sete da manhã, paramos na vila de Murias de Rechivaldo, quase quatro quilômetros depois, para tomar café com direito a um croissant quente, recém-saído do forno. Depois disso, passamos pelos povoados de Santa Catalina de Somoza e El Ganso. Conta uma tradição – e só vim saber mais tarde – que ali, na vila de El

Ganso, o apóstolo Tiago Maior teria celebrado uma missa na capela do *Cristo de los Peregrinos*, dentro da *Iglesia de Santiago*.

Sete quilômetros mais tarde, fizemos uma parada estratégica em Rabanal del Camino. Já eram 11h, tínhamos vencido 20 quilômetros desde a saída de Astorga, e precisávamos beber água e nos recompor. Até aquele ponto, depois de um longo e duro aclive – que exigia mais do que estávamos habituados nos últimos dias –, sentíamo-nos bem. Entretanto, o mais complicado ainda estava por vir: enfrentar parte da subida do Monte Irago, o trecho entre Rabanal del Camino e Foncebadón. São menos de seis quilômetros, mas é onde as dificuldades se intensificam devido às picadas desniveladas e penosas subidas.

Ao atravessar uma trilha de pedras soltas e irregulares, mesmo com a atenção redobrada, teve um momento em que pisei em falso. Senti meu pé direito torcer, o que facilmente me fez desequilibrar com o peso da mochila às costas. Se não fosse o pronto apoio do Wilson, teria caído feio no chão. Por sorte, o uso da bota conteve o impacto da virada do tornozelo, porém não evitou o esforço inesperado do joelho. Além da dor acidentalmente despertada, aquilo me deu um ligeiro frio na barriga. Preocupado, colina acima, passei a caminhar o mais lento que pude durante os três quilômetros que faltavam ser desbravados. Comecei a pensar no dia seguinte. Depois que atingisse o ponto mais alto do Caminho, teria de enfrentar uns 15 quilômetros de descida extremamente íngrime – a pior situação para um joelho machucado.

Afastei aquele pensamento negativo e segui adiante, até avistar, a leste do Monte Irago, o povoado de Foncebadón. Ao longe, também vi padre Frederico já entrando na vila – ele caminhara bem mais rápido que eu naquele último trecho. Quando me viu, resolveu sentar para esperar à sombra de uma árvore. A subida difícil também judiara bastante dele. Fomos direto para o Albergue La Cruz de Fierro. Talvez não fosse a melhor opção, mas o refúgio municipal já estava lotado e não tínhamos muitas escolhas.

Depois de vários dias, encontramo-nos com o Antonio em Foncebadón. Ele havia burlado alguns trechos – pegou trem e carona de carro –, mas estava sendo um bom companheiro desde a descida do *Alto del Perdón*, quando o conhecemos. Quando nos viu, correu para nos cumprimentar efusivamente, chamando-nos de superperegrinos, porque caminhávamos rápido. No finalzinho da tarde, ele mobilizou o casal de hospitaleiros e algumas pessoas do refúgio, a fim de que o padre pudesse rezar uma missa na pequena capela do albergue municipal. Depois de tudo autorizado pelo pároco responsável, Frederico realizou a celebração, destacando, em seu sermão, a seguinte passagem do Evangelho:

"Ninguém pode servir a dois senhores. Não podeis servir a Deus e ao Dinheiro! Por isso, eu vos digo, não vivais preocupados com o que comer ou beber, quanto à vossa vida; nem com o que vestir, quanto ao vosso corpo. Afinal, a vida não é mais que o alimento, e o corpo, mais que a roupa? Olhai os pássaros no céu: não semeiam, não colhem, nem guardam em celeiros. No entanto, o vosso

Pai celeste os alimenta. Será que vós não valeis mais do que eles? Quem vos pode, com sua preocupação, acrescentar um só dia à duração de sua vida?".

Fiquei contente em poder pernoitar em um lugar tão emblemático como Foncebadón. Embora no século X tenha sido palco de um Concílio, em todas as histórias que lera sobre aquela aldeia havia descrições de um povoado abandonado em tristes ruínas, apenas vigiadas por cachorros famintos e ferozes. Havia algo de fantasmagórico nos relatos que descreviam aquele misterioso vilarejo, como o encontro com o demônio na pele de um cachorro negro, descrito por Paulo Coelho em seu *Diário de um mago*. Mas há lendas sobre Foncebadón que viajam ainda mais longe na História, como uma que ocorreu em pleno período da Inquisição. Conta-se que, em uma noite fria, um cigano chegou ao povoado e pediu guarida aos moradores. Porém, ninguém quis recebê-lo e ele foi abrigar-se junto à porta da igreja. O pároco, descontente, a fim de tirá-lo dali, insuflou a população contra o cigano, que não apenas foi expulso, mas também linchado e queimado em uma fogueira. Pouco antes de morrer, ele teria lançado uma maldição sobre o vilarejo: nunca mais ninguém procriaria ali, até que a vila morresse e o diabo tomasse conta de suas ruínas.

A maldição parece ter passado, pois as coisas estavam bem modificadas. Parte da civilização voltara a Foncebadón. Ainda há casas em ruínas, muitas inclusive à venda. Mas a vila está se reconstruindo aos poucos; já pode contar com bons albergues e boa comida – pelo menos essa foi a impressão que tive nos dois pequenos restaurantes que conheci.

No final do dia, quando o sol já estava se pondo no horizonte, saí para caminhar na única rua do povoado, tentando ainda sentir alguma vibração mística do local. Na verdade, mais uma vez, queria processar tudo aquilo que estava vivendo no Caminho de Santiago de Compostela. Já passara por tantos e tantos problemas e momentos difíceis na vida – sim, todas as pessoas passam –, mas, no meu caso, eu mesmo havia criado e alimentado os demônios que me atormentavam e que me fizeram sofrer por coisas que nunca existiram. E esta era uma das razões pelas quais eu estava fazendo o Caminho: estava à procura do mais profundo encontro comigo mesmo.

Depois de algum tempo, retornei ao albergue e, silenciosamente, fui arrumar minha mochila. Boa parte dos peregrinos já estava dormindo. Eu estava preocupado com a descida que teria pela frente, mas ao mesmo tempo ansioso para encontrar a tão aguardada *Cruz de Ferro*, muito próximo dali. Depois do milagre de Carrión de los Condes, sabia que estava protegido e que não havia chegado até aquele ponto para fracassar. Antes de dormir, rezei e agradeci a Deus – sequer sonhava que, na manhã seguinte, o encontraria na descida do Monte Irago.

Símbolos do Caminho.

24 DE JUNHO
FONCEBADÓN – PONFERRADA
VIGÉSIMO PRIMEIRO DIA DE CAMINHADA

Ainda não havia amanhecido completamente quando alcançamos a célebre *Cruz de Ferro*, por volta das 6h30, quase dois quilômetros após deixar a vila de Foncebadón. Os raios que surgem no horizonte evidenciavam que seríamos presenteados com um belo domingo de sol. Estávamos a mais de 1.500 metros de altitude, no cume do Monte Irago, o ponto mais alto de todo o Caminho que leva a Santiago de Compostela. Eu me sentia exultante por ter chegado até li. Mais um momento único em minha jornada, leste a oeste, na direção do túmulo do apóstolo.

Um dos monumentos mais simples, mas ao mesmo tempo um dos mais significativos do Caminho. Esse é o caso da *Cruz de Ferro*, um longo tronco de carvalho encimado por uma modesta cruz metálica. O comprido poste de madeira, com a cruz na ponta, fica no centro de uma pilha elevada de todos os tipos, formas e tamanhos de pedras soltas. Segundo uma antiga tradição, o peregrino deve depositar uma pedra em sua base a fim de que seus pedidos sejam atendidos. Devotamente, deixei lá uma pedrinha rosa, cuidadosamente embalada pela Gisele, que usei para pedir alento e proteção a ela, à Marina, à minha mãe e a mim mesmo.

Depois desse ato, cumprimentei dois peregrinos do exército americano e conversei brevemente com eles, que pediram para que tirasse uma foto. Um deles era cego e estava muito emocionado por ter chegado naquele ponto do Caminho. Entre suas mãos, orgulhoso, ele segurava uma bandeira de seu país, enquanto, por baixo da armação de seus óculos escuros, percebi que vertiam lágrimas.

Sentia que cada um dos peregrinos, à volta da *Cruz*, estava vivendo seu momento de agradecimento por ter conseguido alcançar o cume da montanha. Depois de algum tempo, padre Frederico entendeu que precisava seguir viagem. Na verdade, preocupado com o joelho, pedi a ele que não me esperasse. Caminharia com a máxima cautela naquela temível e acentuada descida.

Sentei-me por ali, muito próximo à *Cruz de Ferro*, observando a chegada de outros peregrinos entusiasmados. Devo ter ficado uns 20 minutos, talvez mais, sentindo uma emoção difícil de descrever. A luz do sol já havia descortinado de vez aquele belo alvorecer. Era apenas o primeiro momento mágico do dia.

À medida que iniciei a caminhada, comecei a sentir uma energia contagiante, que foi se intensificando aos poucos. Depois da pequeníssima vila de Manjarín, cerca de uns quatro quilômetros já distante da *Cruz de Ferro*, teve início a descida íngrime que tanto me preocupava. Entretanto, eu já havia sido totalmente invadido por aquela sensação e força inexplicável, e não sentia qualquer dor nos pés ou no joelho. Para minha surpresa, caminhava firme e rápido ladeira abaixo, como se estivesse flutuando. O sol, em todo seu esplendor, parece que acentuava o canto dos pássaros e o som das águas, que corriam aceleradas da montanha. No ar, dava para sentir o perfume das flores da primavera.

Há dias que não escutava música, e por algum motivo resolvi pegar os fones e ligar o iPhone. No modo aleatório do aplicativo, sem que percebesse, começou a tocar *Monte Castelo*, da Legião Urbana. A letra e a melodia da canção reforçaram ainda mais o espírito inebriante e contemplativo daquele momento. Agradeci muito, por mim e por todas as pessoas que amo, e também por aquelas que passaram na minha vida e que, de alguma forma, ainda estavam lá e faziam parte da caminhada. Chorei de emoção por estar ali. Eu estava vivendo meu esperado encontro com Deus.

Em êxtase, continuei descendo por entre trilhas estreitas e acidentadas, muitas delas formadas por pedras soltas. Lembro-me de que cruzei feliz e confiante as vilas de Acebo de San Miguel e Riego de Ambrós, antes de atravessar a *Puente de los Peregrinos* sobre o Rio Meruelo, adentrando o charmoso povoado de Molinaseca. Eu já havia caminhado quase 20 quilômetros, e ainda faltavam uns sete até chegar a Ponferrada. Tive impulsos de parar um tempo por ali para visitar a *Iglesia de San Nicolás de Bari* e seu famoso retábulo barroco do século XVII, mas estava me sentindo tão bem que preferi continuar caminhando, em uma tentativa de prolongar ao máximo aquela profunda imersão à paz interior.

Quando cheguei à Ponferrada, fui direto para o Albergue de Peregrinos San Nicolás de Flüe, um dos mais modernos e confortáveis do Caminho. Ainda não estava aberto, mas Frederico, com outros rostos conhecidos de peregrinos, já aguardava na fila do registro de entrada. Era quase uma da tarde e fazia um imenso calor. Um dos hospitaleiros, chamado Mamede, veio conversar conosco quando soube que éramos brasileiros. Ele era de Goiás. E era sempre uma alegria quando podia atender os patrícios que passavam por lá. Depois do banho, quando o encontramos na saída do albergue, ele ainda nos deu indicações de restaurantes no centro histórico da cidade.

Almoçamos no restaurante La Capricciosa, na praça central daquela bela cidade de inconfundíveis traços medievais. Boa refeição, mas longe de ser marcante. Logo depois, caminhamos um pouco nas ruelas históricas antes de ir visitar o majestoso *Castillo de los Templários* de Ponferrada.

Construído sobre uma fortificação celta, ocupada pelos romanos e os visigodos, o castelo fica no alto de uma colina, com vista privilegiada para o Rio Sil. No ano de 1178, Fernando II de León cedeu a fortaleza aos Templários, em reconhecimento pelos serviços prestados à Coroa. Quando isso ocorreu, entretanto, já haviam-se passado seis décadas desde a fundação da Ordem dos Templários, no ano de 1118 – quando Hugues de Payns mais oito cavaleiros se reuniram em um velho castelo na França e selaram um juramento de amor pela humanidade. Durante séculos, os Templários souberam compatibilizar a vida militar com a vida religiosa. Mas eles não eram apenas monges guerreiros que protegiam os peregrinos que iam a Compostela, os romeiros que iam a Roma e os palmeiros que iam a Jerusalém. Os Templários também atuavam como monges banqueiros, coordenando um seguro sistema de operação e transmissão de crédito, depósito de valores e coleta de impostos para papas e reis. A honestidade dos Cavaleiros era tão grande que reis e nobres confiavam aos Templários valores, viajando apenas com um documento para comprovar a existência daqueles bens. Esse documento podia ser trocado em qualquer castelo da Ordem por uma soma equivalente (deu origem às letras de câmbio). O grande poder econômico da Ordem, contudo, passou a ser cobiçado mundo afora. Foi quando, em uma noite de sexta-feira, 13 de outubro de 1307, o Vaticano e os principais Estados europeus deflagraram uma verdadeira emboscada contra os chefes templários, que foram sequestrados e conduzidos à prisão, acusados de realizar cerimônias secretas que incluíam a adoração ao demônio, prática de rituais orgíacos, não acreditar nos sacramentos e praticar blasfêmias contra Jesus Cristo – como cuspir na Cruz. Assim, em face de todas essas acusações, os Cavaleiros Templários foram dissipados do mapa da história medieval. O último mestre da Ordem, Jacques de Molay, foi queimado vivo em Paris, como herege, em 1314. Conta-se que seu último pedido foi morrer olhando para as torres da Catedral de Notre-Dame.

Durante a visita ao castelo, conhecemos um simpático casal de brasileiros, Sergei e Mathilde, de Curitiba. Contamos algumas histórias vividas nos últimos dias, trocamos impressões sobre o Caminho e sobre a trágica história dos Templários. Passado algum tempo, cansados, despedimo-nos dos curitibanos e retornamos ao refúgio. Mais tarde o padre concelebraria a missa aos peregrinos na *Capilla de Nuestra Señora del Carmen*, junto ao albergue.

Deitado na cama, ainda pensei nas emoções e epifanias daquela manhã – sem dúvida alguma eu tinha vivido o dia mais sublime no Caminho de Santiago de Compostela. Coloquei os fones, selecionei *Monte Castelo* na minha playlist e fiquei escutando aquela música até pegar no sono.

Cruz de Ferro.

Vista a partir do Castelo Templário em Ponferrada.

25 DE JUNHO
PONFERRADA – PEREJE
VIGÉSIMO SEGUNDO DIA DE CAMINHADA

Na saída de Ponferrada, por um determinado tempo, caminha-se à margem do Rio Sil até atravessar a ponte no sentido de Columbrianos – um bairro da cidade em que paramos para o desjejum. Às seis horas da manhã, não se ouve nada além do som da correnteza da água e o cantar dos pássaros madrugadores. Depois das vilas de Fuentes Nuevas e Camponaraya, já dez quilômetros distantes de Ponferrada, avançamos por pequenas sendas e parreirais na direção de Cacabelos. Naquele trecho do Caminho, existem muitas cerejeiras plantadas na beira das trilhas. Nessa época do ano, as deliciosas frutas estão lindamente maduras, pedindo para serem colhidas e saboreadas. Por diversas vezes parei à sombra e me deliciei. Lembrei-me, saudoso, dos finais de tarde durante os períodos que passara sozinho no Porto, lendo, bebendo vinho verde e comendo cerejas geladas.

Após atravessar as vilas de Cacabelos, Pieros e Valtuille de Arriba, alcançamos Villafranca del Bierzo, mais um surpeendente povoado medieval nascido sob a proteção do Caminho de Santiago, de profunda raiz jacobeia. Fortalecida no século XI com a fundação de uma comunidade de monges cluniacenses*, Villafranca possuiu vários hospitais para peregrinos, entre os quais o San Roque – atualmente, um convento –, que no século XIII hospedou São Francisco de Assis, em sua passagem pela cidade. A igreja românica de Santiago ainda conserva a notável *Puerta del Perdón*. No século XV, o papa Calixto III concedia aos peregrinos doentes ou incapacitados que passassem por essa porta as mesmas indulgências como se tivessem chegado a Santiago.

Em nossa passagem por Villafranca del Bierzo, enquanto seguíamos na direção de Pereje, o padre e eu voltamos a conversar sobre pessoas admiráveis da Igreja Católica. Naquele dia, falamos sobre o bonito exemplo de vida e trabalho de Dom Hélder Câmara e dona Zilda Arns, dois cristãos protagonistas da paz que marcaram o século XX.

Dom Hélder pregava uma vida simples, sempre voltada aos mais necessitados e excluídos. Um homem de ação que sistematicamente soube combater as desigualdades sociais, defendendo que a Igreja fizesse a opção pelos mais pobres. Em vida, ele foi um incansável defensor dos

---

* O termo refere-se ao mosteiro fundado em Cluny, França, no ano 910, e doado à Igreja pelo duque Guilherme de Aquitânia, com o objetivo de recolher ali os monges que viviam sob as Regras de São Bento. Esse movimento surgido em Cluny expandiu-se durante a Idade Média, resgatando e fortalecendo a vida monástica. Cluniacense, portanto, remete à Ordem de São Bento.

direitos humanos, que praticava a tolerância e a liberdade religiosa em nome de um bem maior: a paz e a luta por justiça social. A história de Dom Hélder Câmara, de tão bonita, mereceria ser contada e recontada diversas vezes. Não é por nada que esse notável cristão recebeu muitos prêmios e foi o brasileiro mais indicado ao Nobel da Paz.

A doutora Zilda Arns, por sua vez, em vida seguia o mesmo viés cristão humanitário do padre Dom Hélder. Formada em Medicina, na segunda metade do século XX ela aprofundou seus estudos em saúde pública, pediatria e sanitarismo. Por meio da educação e da prevenção, dona Zilda visava salvar crianças pobres da mortalidade infantil, da desnutrição e da violência em seu contexto familiar e comunitário. Sua experiência e ação solidária foram longe, atravessando fronteiras.

Em determinado momento, perguntei ao padre:

– Por que uma mulher que realizava um trabalho voluntário tão bonito como ela foi morrer em uma situação tão inusitada?

Depois de refletir por alguns instantes, o padre redarguiu:

– Eu entendo, não existe explicação para o inexplicável. E de novo estamos entrando na seara dos desígnios de Deus. Mas se queres que te diga uma coisa, depois da catástrofe* em Porto Príncipe, ocorreu um aumento muito grande de voluntários que decidiram largar tudo e se

---

* Zilda Arns faleceu em Porto Príncipe, Haiti, no dia 12 de janeiro de 2010. Ela havia terminado de fazer uma palestra sobre seu trabalho na Pastoral da Criança para uma plateia de religiosos haitianos, no prédio paroquial da Igreja Sacré Coeur, quando aconteceu o violento terremoto que destruiu a cidade. O prédio de três andares desmoronou, e dona Zilda foi atingida fatalmente.

dedicar à Pastoral da Criança, após a morte de dona Zilda. Acredito que, no fundo, materializou-se aquilo que ela tanto defendeu: a multiplicação do conhecimento e da solidariedade.

Fiquei pensando por um tempo e, mais uma vez, admirei a profundidade de pensamento do jovem padre. Naquela altura do Caminho, ele já estava mais à vontade e falava mais abertamente comigo. Havíamos nos tornado amigos. Embora um pouco distantes em nossas crenças, éramos cristãos e eu sabia que o respeito e a admiração entre ambos eram recíprocos. Zilda Arns, para nós, representava uma espécie de Felícia de Aquitânia, uma vida dedicada ao amor ao próximo.

De Ponferrada a Pereje foi mais um longo e cansativo dia sob um sol escaldante, mas foi maravilhoso. Creio que completamos o percurso – quase 34 quilômetros – em pouco mais de sete horas. Apesar de cansados e fatigados pelos aclives – e também pelos mais de 20 dias em que estávamos caminhando –, chegamos relativamente bem ao albergue municipal do estratégico povoado de Pereje, pois dali em diante encararíamos uma dura subida de 23 quilômetros até O Cebreiro.

Depois do almoço, próximo do refúgio, resolvi caminhar até a margem do Rio Valcarce a fim de banhar os pés em suas águas ligeiras e caudalosas. Foi mais um momento de encontro comigo mesmo. Enquanto pude, deixei que aquela corrente gelada do rio fluísse por entre meus pés e pernas, sentindo um profundo e anestesiante alívio. Eu estava confiante, estava às portas da Galícia, cada vez mais perto do túmulo do apóstolo Tiago Maior.

Imagens do Caminho.

Passagem por Villafranca del Bierzo.

26 DE JUNHO
PEREJE – O CEBREIRO
VIGÉSIMO TERCEIRO DIA DE CAMINHADA

Antes de o sol aparecer, temendo os obstáculos que teríamos de enfrentar, deixamos a pequena e agradável vila de Pereje, margeando o Rio Valcarce. Estávamos apreensivos. Depois de atravessar os Perineus, no trecho de Saint-Jean-Pied-de-Port a Roncesvalles, sabíamos que a subida até o mítico O Cebreiro seria o segundo momento mais desafiante no Caminho de Santiago. A decisão de ter pernoitado em Pereje fora justamente para reduzir a distância a ser percorrida naquela dura etapa.

Pouco mais de quatro quilômetros à frente, alcançamos o povoado de Trabadelo e paramos em um restaurante à beira da estrada, junto a um posto de gasolina, para o café da manhã. Além de bons croissants quentes, eles também serviam churros fininhos, feitos na hora. Deliciei-me com eles, acompanhados de suco de laranja e uma boa xícara de café com leite. Saindo de lá, tomamos a direção de La Portela de Valcarce e Ambasmestas. Quando chegamos a Vega de Valcarce, após quase 11 quilômetros percorridos, passamos em frente a um albergue de brasileiros. Não pensamos duas vezes: entramos para carimbar nossas credenciais e dizer olá aos patrícios. Para nossa surpresa, fomos recebidos com um afetuoso abraço pelos simpáticos hospitaleiros Júnior e Lícia, de Macaé, norte do Rio de Janeiro. Depois de beber água e um rápido café, despedimo-nos do casal e seguimos viagem, pois dali em diante o aclive começaria a se acentuar. Já no centro do povoado, eu tentava encontrar uma farmácia – necessitava de pastilhas para a garganta –, quando por coincidência apareceu por lá o Júnior. Como a drogaria ainda estava fechada e só abriria dali a uma hora, em um gesto espontâneo e altruísta, ele gentilmente se ofereceu para levar o remédio mais tarde ao Cebreiro. Fiquei agradecido e mais uma vez acreditei na solidariedade humana.

Após passar pela vila de Ruitelan, dois quilômetros adiante, a subida começou a ficar forçada. Diferentemente de outras vezes, quando o padre caminhava mais rápido, nesse dia fui eu quem acelerou – estava com muita disposição e energia. Meus passos eram firmes e entusiasmados, como se estivesse novamente começando a caminhar. Durante mais aquele esforço, lembrei-me de que ao longo do Caminho houve momentos em que eu não sabia o que era pior: colocar ou tirar as botas, por causa das bolhas e das dores nos pés. Mas isso já era coisa do passado – eu estava calejado e às portas da comunidade autônoma da Galícia, na província de Lugo, aproximando-me de Santiago de Compostela.

Do alto do povoado de La Faba, em que encontrei uma fonte de água gelada, admirei a bela vista daquela região montanhosa, o que se ampliou ainda mais quando alcancei a vila de La Laguna, antes de finalmente chegar ao cume do monte de Pedrafita do Cebreiro. A 1.320 metros de altitude, O Cebreiro é mesmo tudo o que se fala dele. O distinto lugar mantém cuidadas e preservadas suas belas palhoças celtas, pré-romanas, o que nos convida a uma longínqua viagem no tempo. Talvez pela particularidade do povoado, as pessoas do Cebreiro têm um jeito bem peculiar, enigmático, oscilando entre educados, taciturnos e ríspidos.

Instalados no Albergue Casa Campelo, ainda sentindo o efeito do esforço empreendido na dura subida, fomos procurar por um *menu del peregrino*, o que não foi difícil de encontrar naquela pequena aldeia. Por sugestão do padre, pela primeira vez experimentei a famosa Torta Santiago, sobremesa típica da Galícia.

Na saída do restaurante, já aliviados da dor física, reparei que o cenário mudara completamente. Pouco mais de uma hora antes, estava um lindo dia iluminado. Viam-se todas as palhoças, a rua dos peregrinos e um céu azul e limpo sobre nossas cabeças, mas de repente já não se via mais nada. O Cebreiro estava mergulhado no mais intenso nevoeiro.

A tarde estava reservada para visitar a lendária paróquia de *Santa María A Real*. Já tinha lido e visto fotos do lugar, mas nada se compara à emoção que senti ao entrar naquele pequeno templo. Construída no século XI e restaurada no ano de 1962, a pequena igreja ainda conserva seus traços pré-românicos, como o singular campanário de pedra. Por volta do ano de 1300, ocorreu ali aquilo que ficou conhecido como "o milagre eucarístico". Conta-se que um camponês de um povoado próximo subiu a montanha em um dia de nevasca para assistir à missa no Cebreiro. O sacerdote, ao vê-lo com frio e encharcado, perguntou-se, incrédulo, por que razão ele havia enfrentado aquela tempestade de neve somente para ver um pedaço de pão e um pouco de vinho. No momento da consagração, entretanto, a hóstia se transformou em carne e o vinho, em sangue de Cristo. Dentro da igreja estão os túmulos do padre e do camponês, protagonistas reais do milagre. Próximo deles encontra-se um relicário de vidro e ouro, que guarda o cálice e a pátena daquele acontecimento divino.

Horas mais tarde, ao final da missa, o sacerdote franciscano abraçou todos os peregrinos, um a um, e pediu que seu auxiliar, padre Frederico, entregasse a cada um de nós uma pequena pedrinha, delicadamente pintada com uma seta amarela, símbolo do Caminho, em provável alusão ao padre Elías Valiña Sampedro, o inesquecível cura do Cebreiro. Depois daquela abençoada e tocante celebração, os peregrinos seguiram em completo silêncio, como que aliviados das dores e renovados em espírito.

Ainda perto da saída da igreja, encontramo-nos com Iulia, a peregrina romena que já não víamos desde Navarrete. Ela estava com a aparência abatida, mais magra e judiada pelo sol, mas ao mesmo tempo exultante por estar vencendo os obstáculos do Caminho. Em nada se parecia com a peregrina insegura de duas semanas antes, que temia não conseguir chegar a Santiago de Compostela.

A noite mostrava-se linda, com um céu cravejado de estrelas, quase ao alcance das mãos. Estávamos chegando próximo do fim – apenas mais alguns dias –, e de alguma maneira aquele pensamento já começava a me entristecer.

Marco de entrada na Galícia.

O Cebreiro.

27 DE JUNHO
O CEBREIRO – SARRIA
VIGÉSIMO QUARTO DIA DE CAMINHADA

Minha noite fora mal dormida. Às quatro horas da manhã, já estava acordado, escrevendo e esperando a hora de partir. No escuro e em meio à neblina, antes das seis, deixamos a aldeia do Cebreiro. Orientados por Deus e pela luz da lanterna, rezei para não passar despercebido pelas setas amarelas que indicavam o Caminho. Naquele dia havíamos previsto mais de 40 quilômetros até a cidade de Sarria.

Poucos quilômetros adiante, quando alcançamos o Alto do San Roque, o dia já estava amanhecendo, porém a neblina a 1.270 metros de altitude ainda era intensa e nos impedia de desviar até o miradouro natural para admirar o vale de Veiga de Forcas. Entretanto, mesmo em meio à névoa, foi possível fotografar o bonito monumento ao peregrino, uma escultura de um homem de uns dois metros de altura, vestido com trajes medievais e cajado na mão, olhando na direção oeste, onde fica a casa do apóstolo Tiago.

Antes das oito horas da manhã, já na vila de Alto do Poio, paramos para tomar café e uma cena inusitada chamou-nos a atenção: o tamanho do cão do dono do bar. Ele era imenso e peludo, maior e bem mais gordo que um dog alemão. Parecia uma daquelas criaturas recém-saídas de um filme do Harry Potter. O cachorro tinha uma aparência tranquila e dócil, com jeito de menino travesso, porém seu tamanho causava medo enquanto ele desfilava por entre as mesas, cheirando e pedindo algo para comer. Fiquei tentado a perguntar a raça dele, mas depois acabei esquecendo – já estava com o pensamento voltado para o Caminho. Do ponto em que estávamos, seria necessário enfrentar um declive íngreme de quase 700 metros em pouco mais de dez quilômetros. Não chegava a preocupar, mas era preciso prudência.

A maior parte do Caminho naquela descida, depois do povoado de Fonfría, seguiu praticamente toda por campos e pequenas trilhas até a cidade de Triacastela. Por um bom tempo voltei a andar sozinho, caminhando mais lento que o padre, apenas na companhia do inseparável Wilson. Faltavam menos de 150 quilômetros até Santiago e eu já começava a me sentir nostálgico, pensando como seria depois que acabasse aquela minha pequena odisseia pelo norte da Espanha. Já não era mais a mesma pessoa. De fragmento em fragmento, eu sabia que havia conseguido resgatar um pouco de mim, há muito perdido nas concessões dos caminhos e encruzilhadas da vida. De tanto buscar seguir a sabedoria da água, apenas contornando em vez de enfrentar os obstáculos, sentia que havia me afastado da minha essência quando tive medo de confrontar meus fantasmas. Precisava, definitivamente, reparar as velas danificadas e colocar o barco na direção certa, e aquilo somente eu seria capaz de fazer.

Foram bons momentos de introspecção enquanto passava por uma longa trilha estreita, toda coberta por um bonito bosque. Respirei fundo e repetidamente, sentindo o ar puro entrar pelos pulmões. Como era bom viver e recomeçar, pensei, antes de parar e sentar à margem da senda para beber água.

Depois de Triacastela, na metade do caminho, acelerei um pouco até alcançar Frederico. Juntos, ainda passamos pelos povoados de San Xil de Carballo e Calvor, até chegarmos a Sarria, por volta das duas da tarde. Estávamos naturalmente cansados, quase no limite físico, mas sem dores, depois de vencer 42 quilômetros de caminhada.

Mesmo movimentada, com longas avenidas e semáforos, Sarria não chega a ser uma cidade grande. Ainda conserva bem seus traços medievais, que datam de seu surgimento, por volta do século XII. Queria ter conhecido a *Iglesia Santa Mariña*, tida como heroína galega, mas estava fechada. Soube naquele dia que, além de música, minha filha tinha nome de santa.

No final da tarde, assistimos à seleção brasileira vencer a Sérvia por 2x0. Felizmente o Brasil encerrava aquela sofrível fase como o primeiro do grupo.

Antes de pegar no sono, lembro-me de ficar pensando em como levar o Wilson para o Brasil comigo. Não poderia deixá-lo na Galícia quando chegasse a Santiago de Compostela. Assim como o padre, Wilson também era um amigo que esperava levar para toda a vida.

Padre Frederico.

28 DE JUNHO
SARRIA – HOSPITAL DE LA CRUZ
VIGÉSIMO QUINTO DIA DE CAMINHADA

Logo cedo, chamou a atenção o elevado número de peregrinos deixando a cidade. Intrigado com aquela quase procissão às seis horas da manhã, comentei com padre Frederico:

– Estranho. Tantos peregrinos saindo juntos e ao mesmo tempo, tão cedo!

– Não é normal, mas eu acho que tenho uma explicação – disse o padre, antes de continuar. – Sarria é um dos últimos pontos de partida para quem não pode ou não tem tempo para fazer todo o percurso. Por esse motivo, a Arquidiocese de Santiago concede a Compostelana a quem percorre até pelo menos os últimos cem quilômetros do Caminho, e é mais ou menos onde estamos.

– Verdade, faz sentido! – Eu havia lido essa mesma explicação em meu guia, só não estava lembrado.

Foi assim que nós e o séquito de novos exultosos peregrinos deixamos Sarria pelo centro histórico, passando pelo *Convento de la Magdalena* e, em seguida, cruzando sobre a *Ponte da Áspera*, que atravessa o Rio Celeiro, na direção de Barbadelo. Antes de entrar por uma trilha, fotografei um pequeno pilar* que indicava o Caminho e também marcava a distância que ainda restava até Santiago: 113,246 km. Dali em diante, passamos por diversos campos e bosques fechados, em completo silêncio apenas quebrado pelo som dos pássaros e, por vezes, pelo som relaxante das águas de algum riacho próximo.

Existem muitos lugares à margem do Caminho em que as pessoas montam pequenas bancas e oferecem comidas e bebidas, gratuitamente. Algumas dessas pessoas são voluntárias, que arrecadam contribuições para instituições de caridade, pedindo apenas que os peregrinos deixem o donativo que lhes for possível. Sempre que parei nesses pontos ao longo do Caminho, procurei deixar uma oferta justa, algumas até generosas. E se não tivesse nada para ofertar, sequer parava. Entretanto, infelizmente passei por uma situação desagradável. Em um determinado momento, entre Sarria e Barbadelo, fiz uma parada porque vi bonitos bolinhos de chuva e já estava com pouca água no cantil. Então, padre Frederico também parou e pegou uma garrafinha d'água. O bolinho estava gostoso, ainda quente. Foi quando resolvi apanhar um segundo, não sem antes depositar uma boa quantia de moedas na

---

* Na Galícia, são usados pequenos pilares que indicam o Caminho – com a seta amarela e uma concha de vieira – e ainda informam, em contagem decrescente, a distância até Santiago de Compostela.

cestinha. Naquele instante, a senhora dona da banquinha retirou minhas moedas do recipiente e as contou em nossa frente. Achei a atitude indigesta, indelicada, afinal não havia ali qualquer abuso, apenas duas garrafas de água e dois bolinhos de chuva. Eu havia colocado mais de três euros na cestinha, o que era suficiente para o que pegamos, e ainda sobrava uma boa quantia. Respirei fundo e lamentei, antes de seguir viagem.

Em pouco mais de duas horas de caminhada, alcançamos o famoso marco dos cem quilômetros restantes até Santiago de Compostela. Agora a contagem era regressiva. Engraçado – pensei – há um mês eu estava totalmente envolvido e estressado com meu mundo profissional. Estava sofrendo de insônia, preocupado com prazos, cronogramas e reuniões. E de repente eu estava lá, calmo e aliviado, depois de percorrer mais de 700 quilômetros a pé. Nas últimas semanas, excetuando-se o problema que tivera com o joelho, a maior preocupação fora decidir e cumprir o trecho planejado de cada dia de caminhada.

Depois de registrar nossa conquista naquele ponto emblemático, alegres e satisfeitos, retomamos nossa peregrinação no sentido da vila de Ferreiros. Foi quando nos distanciamos um pouco. Em virtude de um longo declive que havia em seguida, por precaução eu tinha decidido caminhar mais devagar. Do alto de um monte, após algum tempo, avistei Portomarín e imediatamente recordei uma história que lera sobre a cidade. Desde sua fundação, no século XI, Portomarín localizava-se em uma planície, no sopé de uma colina, junto ao Rio Miño, porém hoje se encontra toda na parte alta de um morro. Isso ocorreu porque, no ano de 1962, a cidade ficou totalmente submersa pelas águas da Represa de Belesar. Então, novas casas foram construídas e todos os monumentos históricos – igrejas, palácios e capelas medievais – foram transferidos, pedra por pedra, para a nova Portomarín, no alto da colina. Conta-se que os restos de outros monumentos – antiga ponte, casas romanas e o hospital de peregrinos – ficaram no leito do rio e se tornam visíveis quando as águas da represa estão baixas.

Antes de atravessar a nova e extensa ponte de ferro de acesso à cidade, na descida de uma ladeira, cruzei por uma fenda estreita e escorregadia, uma espécie de atalho forjado ali para os peregrinos não precisarem contornar a volta de quase um quilômetro da estrada. Quando calmamente passei por sobre aquela armação de metal e concreto, espelhada no rio, lembrei-me com pesar do trágico rompimento da Barragem de Fundão, em Mariana, Minas Gerais, em que, em 2015, muitos brasileiros perderam vidas, familiares, casas, monumentos e histórias, tudo varrido para sempre por milhões de metros cúbicos de lama de resíduos. O maior desastre ambiental do mundo envolvendo barragens de rejeitos.

Não entrei na cidade de Portomarín. Em vez disso, contornei-a pela esquerda e segui por uma senda que adentrava um bosque de pinheiros altos, avançando em um aclive no sentido dos pequenos vilarejos de Gonzar e Castromaior. Quase chegando a Hospital de la Cruz, pouco mais de 11 quilômetros depois de Portomarín, olhei para trás e avistei, surpreso, padre Frederico, caminhando acelerado em minha direção. Ele estava muito cansado e extremamente irritado consigo mesmo. Pouco antes, errara o Caminho, obrigando-se a dar uma volta adicional de uns dois quilômetros pelo povoado de Castromaior. Não bastassem todas as árduas subidas e descidas, vencidas em pouco mais de 33 quilômetros, ele não conseguia se conformar com o fato de, por uma simples distração, ter tido que andar ainda um longo e desnecessário trecho.

A vila de Hospital de la Cruz não tem praticamente nada, mas ainda assim foi uma ótima escolha. Primeiro porque fomos muito bem acolhidos no albergue municipal. Segundo porque, no único e agradável restaurante do povoado, fomos recepcionados por dois memoráveis heróis: Dom Quixote e Sancho Pança. Duas bonitas esculturas em metal, na entrada, exibiam detalhes familiares dos traços físicos do bondoso cavaleiro e de seu fiel escudeiro, que, parados naquele ponto, davam as boas-vindas aos peregrinos fatigados.

Perdido em mirabolantes devaneios quixotescos, resolvi deitar cedo e tentar dormir. Estava começando a ficar ansioso com a proximidade de Santiago de Compostela.

Marco dos últimos 100km do Caminho.

29 DE JUNHO
HOSPITAL DE LA CRUZ – MELIDE
VIGÉSIMO SEXTO DIA DE CAMINHADA

  Ao contrário da manhã anterior, nesse dia não havia nenhum grupo de peregrinos que chamasse nossa atenção. Depois de cruzar por um entroncamento, haveríamos de passar por mais de uma dezena de vilarejos até chegar à cidade de Melide, 26 quilômetros à frente.
  Quinze minutos após deixar Hospital de la Cruz, ainda escuro, encontramos uma peregrina insegura, parada próximo ao refúgio da vila de Ventas de Narón. Quando viu a luz de nossa lanterna se aproximando, meio que vacilante, ela perguntou em espanhol se falávamos inglês. Respondi que sim, que éramos peregrinos brasileiros e que ela poderia nos acompanhar se quisesse. Aceitou de imediato e pareceu aliviada, sobretudo quando soube que caminhava ao lado de um padre. Americana de

Washington, Paula havia deixado o emprego um mês antes de comunicar à família – marido e filhos – que faria o Caminho de Santiago, em busca de um sentido espiritual para sua vida.

Paula caminhou conosco por quase uma hora, mas já na vila de Ligonde, com o dia amanhecido, resolveu parar em um bar e despediu-se, agradecendo pela companhia.

Devido aos esforços e constantes descidas dos últimos dias, voltara a sentir um forte desconforto no joelho. Mas, ao mesmo tempo, continuava com tanta vontade de caminhar que já ignorava a dor. Tempos depois, de volta ao Brasil, consultei o médico Dr. Elias Fernando Ibarra Mancilla, que, depois de uma ressonância magnética, diagnosticou o que ocorrera: degeneração grau 2 no menisco medial e condropatia patelar lateral. Em outras palavras, desgaste da cartilagem da patela.

Evitando termos médicos, ele ainda fez questão de explicar o seguinte: "Quando se está subindo alguma colina, por exemplo, o impulso do corpo está para cima, fazendo com que a musculatura atue como uma espécie de alavanca para poder dar tração ao movimento da subida. Na descida, por outro lado, o joelho precisa agir como um freio – segurando o corpo e o peso da mochila a que ele não estava acostumado. Isso leva a uma hiperpressão patelar, ou seja, a cartilagem da patela, que está por dentro, pressiona-se muito contra a cartilagem do joelho. Por esse motivo a dor é mais intensa na descida do que na subida".

Na passagem pelo charmoso povoado de casas de pedras em Leboreiro, fiquei curioso quando, a uns cem metros, avistei uma pequena van verde, buzinando e se aproximando acelerada. De repente ela parou, o motorista desceu ligeiro e abriu a porta lateral. A uns 50 metros de distância, vi que os aldeões se aproximavam rapidamente e saíam com algo conhecido nas mãos: era o pão de cada dia, que seguravam naturalmente, sem qualquer embalagem. Quando cheguei mais perto, o padeiro já estava quase fechando a porta, e via-se o baú carregado de pães, de formato redondo e achatado, empoeirados de farinha de trigo. Deu vontade de comprar um e comer acompanhado de uma garrafa de vinho, bem ao modo das peregrinações medievais. Pedi para tirar uma foto sem esperar por uma resposta positiva, dado que ele estava com pressa. Porém, para minha surpresa, ele não só permitiu como posou com dois pães nas mãos. Havia ali uma tradição que ainda não se perdera.

Daquele ponto em diante – o padre caminhava alguns quilômetros à frente –, já havia deixado Lugo e entrado na última das províncias, Coruña, onde fica Santiago de Compostela. Apesar da leve dor no joelho, o trajeto até Melide foi bem tranquilo. Se não tivesse combinado com Frederico, teria ido até mais longe. Mas a escolha por Melide não poderia ter sido melhor. De origem pré-romana, a cidade ocupa um local estratégico no Caminho, em que, no passado, se uniam o Caminho Francês e a Rota Costeira que partia do País Vasco, Cantábria e Astúrias. Melide guarda muitos monumentos interessantes, como o pórtico da igreja românica de *San Pedro*, a igreja paroquial do *Sancti Spiritus* com seu interior gótico e fachada neoclássica, e um cruzeiro do século XI, considerado o mais antigo da Galícia.

Tivemos a oportunidade de assistir a uma bonita procissão de São Pedro, na praça em frente à paróquia homônima. Logo depois, seguimos uma indicação e fomos almoçar no tradicional e aprazível restaurante Pulpería Ezequiel – como o nome diz, o polvo é a especialidade da casa. Como sou alérgico a alguns tipos de frutos do mar, o padre acompanhou-me em um bacalhau à moda da Galícia, delicioso, que harmonizou bem com o vinho tinto servido em pequenas tigelas de cerâmica. À noite teve missa concelebrada pelo meu amigo padre, uma feliz coincidência em dia e templo de São Pedro. Agradecido, fiquei pensando que estava no penúltimo dia de caminhada! Faltavam pouco mais de 50 quilômetros para o tão sonhado propósito que me levara até a Espanha um mês antes.

Imagens do Caminho.

Ponte romana.

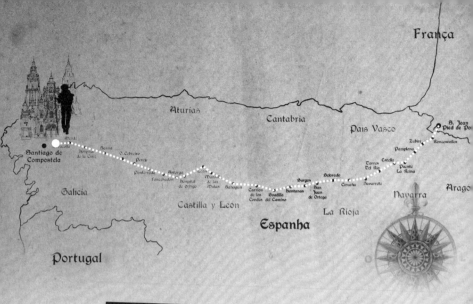

30 DE JUNHO
MELIDE – LABACOLLA
VIGÉSIMO SÉTIMO DIA DE CAMINHADA

Acordei com enorme disposição para desbravar, tanto quanto possível, os quilômetros e os obstáculos que ainda pudessem ser vencidos naquele penúltimo dia. Mantendo a mesma rotina, com a luz da lanterna indicando o Caminho, partimos de Melide com um chuvisqueiro incômodo que se estendeu por mais de uma hora. Na descida de uma estreita senda, logo depois do refúgio, avistei o primeiro marco que indicava a distância até Santiago de Compostela: 52,089 km.

Lembro-me de que em apenas uma hora vencemos os quase seis quilômetros até a vila de Boente, na qual paramos para o desjejum. Contudo, depois de entrar por uma extensa trilha, as coisas se complicaram um pouco. Foi preciso enfrentar uma subida e, em seguida, um forte declive até o povoado de Ribadiso. Quando pensei que melhoraria, um quilômetro à frente já havia uma nova ladeira encostada na cidade de Arzúa. Felizmente o sol vencera o bloqueio das nuvens, trazendo-nos um novo ânimo durante a travessia de tantos relevos.

No vilarejo seguinte, Pregontoño, o padre e eu nos separamos. Havia parado para comer uma banana e comprar água, acreditando que ainda fosse alcançá-lo mais adiante, mas não consegui: ambos estávamos imprimindo um bom ritmo à caminhada. Embora ainda fôssemos trocar mensagens mais tarde – acabamos ficando em povoados distintos, ele em Pedrouzo e eu em Labacolla –, só voltaríamos a nos encontrar na frente da Catedral de Santiago de Compostela.

Entrei em um bosque fechado, seguindo por uma trilha estreita e plana, e comecei a ouvir o som de uma bela sinfonia de pássaros, como que me presenteando por ter chegado até ali. De repente, sem perceber, estava totalmente mergulhado em minhas meditações. Na minha cabeça passava um filme sobre tudo que havia vivido naquelas últimas quatro semanas: as emoções que experimentei, as pessoas que conheci, as dores que senti e superei, o enfrentamento dos meus demônios e o meu louvável encontro com Deus. Estava tudo lá. Eu já não era a mesma pessoa. Havia experimentado abrir uma comporta que represava um mar de sentimentos, deixando que de suas profundezas emergissem culpas, medos, abandonos, tristezas e, por fim, estava respirando fundo e aliviado com a sensação de amor e perdão por mim mesmo. Havia aprendido a me conhecer um pouco mais. E somente por isso seria capaz de fazer todo o Caminho de novo.

Da cidade de Melide a Labacolla, foram mais de 40 difíceis quilômetros. Estava com saudade de casa e das pessoas que amo, mas paradoxalmente me sentia triste porque estava acabando. Agora, a partir daquele ponto, apenas dez quilômetros me separavam do túmulo do apóstolo Tiago.

Antes de dormir, abri meu pequeno Evangelho no livro de Mateus e li alguns versículos do Capítulo 8. A mensagem sobre o centurião era bastante clara: Jesus veio para salvar e curar a todos, independentemente de seu território e de sua crença religiosa. Eu sentia que havia combatido o bom combate.

Peregrinos.

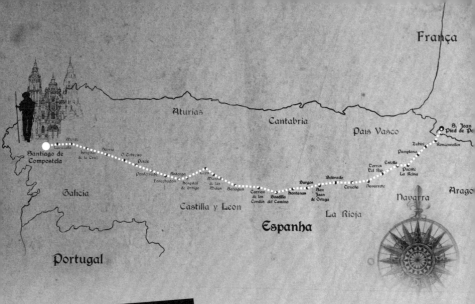

1º DE JULHO
LABACOLLA – SANTIAGO DE COMPOSTELA
VIGÉSIMO OITAVO DIA DE CAMINHADA

Esperei tanto por esse dia que quase não consegui pregar o olho à noite. Saí do albergue antes das 6h, no escuro absoluto – queria correr para chegar logo a Santiago. Para surpresa, achando que já tinha superado todas as dúvidas e obstáculos, dez minutos depois cheguei a uma bifurcação em que não havia qualquer sinal, nenhuma seta amarela apontando se o Caminho era para a direita ou esquerda. De um lado para o outro, em meio àquele breu, titubeei tentando encontrar logo alguma seta indicativa, mas nada. Não estava acreditando: após tantas caminhadas noturnas, justamente tão perto de chegar a Compostela eu corria o risco de seguir por um caminho errado.

Respirei fundo e pensei. Estava escuro, sim. Mas por que aquela pressa toda se o mais difícil já havia feito, que foi ter chegado até ali? Se eu estava em dúvida, bastava retroceder até o albergue e esperar mais uma hora até que o dia começasse a amanhecer. Ou talvez ligar o GPS do telefone... Qualquer coisa. Só não tinha motivo para ficar ainda mais ansioso. Nesse momento, levantei a cabeça e olhei para o firmamento. E lá estava ela, a Via Láctea, aquela linda e celestial linha de estrelas que durante séculos e séculos orientaram os peregrinos. Misteriosamente, como se tivesse sido pego pela mão, as dúvidas se dissiparam naquele exato instante. Tive absoluta certeza da direção a ser seguida.

Aos poucos, enquanto caminhava, o alvorecer foi se construindo inexoravelmente. Já estava no Monte Gozo quando olhei para trás e vi, às minhas costas, aquele maravilhoso nascer do sol, apontando seus raios diretamente para as torres da *Catedral de Santiago de Compostela*. Apenas quatro quilômetros me separavam daquele tão aguardado momento.

Uma parte da cidade ainda dormia, e outra parte insistia em se manter acordada. Era manhã de domingo. Havia ainda alguns bares abertos e outros recém-fechados. Em um destes, os garçons faziam a limpeza das mesas e recolhiam garrafas, copos plásticos e todo tipo de sujeira espalhada pela calçada. Quando comecei a subir uma leve ladeira, contornei um grupo de jovens que bebia cerveja e falava alto, indiferentes àquele peregrino que, jubiloso, passava por eles. Sentado à mesinha de um café, já na entrada do centro histórico, um casal de turistas me acolheu com um olhar terno e um sorriso cúmplice. Com os olhos marejados, apenas sacudi a cabeça em agradecimento – as palavras eram desnecessárias.

Calmamente, avancei até a Plaza del Obradoiro. Eu havia chegado à porta de entrada da casa do mensageiro de Cristo. Ajoelhado e abraçado ao Wilson, deixei que as lágrimas rolassem. Eu finalmente havia vencido.

Minutos depois, olhei para o lado e lá estava mais um peregrino recém-chegado, Daniel Ribeiro, quase irreconhecível de tão magro. Emocionados e agradecidos, cumprimentamo-nos pela vitória alcançada, antes de seguirmos juntos para apanhar nossas Compostelanas. Foi o tempo para a chegada de Frederico, igualmente em êxtase com a conquista. Como bons amigos, abraçamo-nos efusivamente em frente à Catedral.

A missa das 12 horas, dedicada aos peregrinos, estava lotada e esplendorosa. Depois do ritual do voo do botafumeiro – um espetáculo que se realiza desde a Idade Média –, o bispo celebrante fez menção aos peregrinos oriundos de toda parte da Terra. Meus olhos se encheram d'agua quando ele citou os peregrinos do Brasil, seguido de uma mensagem em português lida pelo padre Frederico.

Encerrada a missa, caminhei até atrás do altar e abracei a imagem de Santiago. Ali mesmo, desci as escadas até a cripta que guarda o túmulo de bronze do apóstolo e, por algum tempo, permaneci parado, simplesmente agradecendo pela graça alcançada.

Naquela mesma tarde, caminhando nas ruas de Santiago de Compostela, tive dificuldade de acreditar que aquilo não era mais um sonho. Estava feliz com a conquista e tudo que vivera naquele mês de junho.

Por meio de amigos do Porto, tomei providências para garantir que Wilson ficasse guardado, são e salvo, até que eu pudesse levá-lo para casa comigo (o que aconteceu meses depois). Eu ainda ficaria mais um dia conhecendo aquela vibrante cidade, antes de iniciar o regresso ao Brasil.

Durante mais de uma hora, sentei-me encostado a um pilar na Plaza del Obradoiro. Em frente à entrada da Catedral, registrei em meu diário todas as impressões e emoções que ainda ressoavam da minha peregrinação. Sentia o espírito leve e uma indescritível paz interior. Sabia que o Caminho não acabava ali, sabia que um mundo real me esperava – e outros moinhos de vento haveria de encontrar e lutar para vencer –, mas também sabia que havia feito as pazes comigo mesmo e estava fortalecido. Tinha certeza de que dera um significativo passo na direção da minha busca. E agora precisava iniciar uma nova caminhada. Resisti ao máximo para deixar aquele local, porém, antes de sair dali, uma frase de uma rica personagem da literatura ainda me veio à cabeça: "A vida começa todos os dias".

Monte Gozo.

Catedral de Santiago de Compostela.

Missa do interior da Catedral de Santiago de Compostela.

Catedral de Santiago de Compostela.

O voo do botafumeiro.

Momento da chegada na casa do apóstolo de Cristo.

Rua da cidade de Santiago de Compostela.

Capitulum huius Almae Apostolicae et Metropolitanae Ecclesiae Compostellanae, sigilli Altaris Beati Iacobi Apostoli custos, ut omnibus Fidelibus et Peregrinis ex toto terrarum Orbe, devotionis affectu vel voti causa, ad limina SANCTI IACOBI, Apostoli Nostri, Hispaniarum Patroni et Tutelaris convenientibus, authenticas visitationis litteras expediat, omnibus et singulis praesentes inspecturis, notum facit: Dominum LEANDRUM FRANCISCUM HAACH hoc sacratissimum templum, perfecto Itinere sive pedibus sive equitando post postrema centum milia metrorum, birota vero post ducenta, pietatis causa, devote visitasse. In quorum fidem praesentes litteras, sigillo eiusdem Sanctae Ecclesiae munitas, ei confert.

Datum Compostellae die 1 mensis IULII anno Dni 2018

Segundo L. Pérez López
Decanus S.A.M.E. Cathedralis Compostellanae

Compostelana.

AGRADECIMENTOS

Aos meus familiares e amigos queridos que torceram a milhares de quilômetros de distância.

Ao padre Frederico, o peregrino que caminhou ao meu lado e me ajudou a ficar mais perto de Deus.

Aos amigos Leandro Kuhn, Andrea Boechat e Jéssica Feiten, que embarcaram com entusiasmo no projeto deste livro.

Por último, um agradecimento especial à Gisele, namorada e parceira de todas as horas, que acompanhou a preparação e realização desse sonho, desde o primeiro até o último passo.

Obrigado!

REFERÊNCIAS BIBLIOGRÁFICAS

AGRELA, Daniel. **O guia do viajante do Caminho de Santiago** – Uma vida em 30 dias. São Paulo: Editora Évora, 2013.

BLANCH, Enric Balash; ARRANZ, Yolanda Ruiz. **Atlas ilustrado del Camino de Santiago.** Madrid: Susaeta Ediciones, 2013.

COELHO, Paulo. **O diário de um mago.** Rio de Janeiro: Editora Rocco, 1987.

DEVOCIONÁRIO e novena a Santa Josefina Bakhita. 3. ed. São Paulo: Edições Loyola, 2006.

GARCÍA-MANGE, José Antonio; PRIETO, Juan Antonio Torres. **Caminho de Santiago, viagem ao interior de si mesmo.** São Paulo: Edições Loyola, 2003.

GOMES, Cadmo Soares. **Caminhos de Santiago** – Quatro rotas para conhecer a magia de Santiago de Compostela. 2. ed. Rio de Janeiro: Editora Nova Era, 2002.

GUIA Santiago de Compostela. Coleção Vive e Descobre. 2. ed. Portugal: Everest Editora, LDA, 2006.

IOP, José Eduardo. **No Caminho de Santiago.** Porto Alegre: AGE, 2004.

KERKELING, Hape. **Volto já!** Minha viagem pelo Caminho de Santiago de Compostela. 1. ed. brasileira. Tradução de Bibiana Almeida. Tamboré/SP: Editora Manole, 2009.

LAGO, José Fernández. **O apóstolo S. Tiago: vida, morte e sepultura** – Jubileu e peregrinação a Santiago, novena a S. Tiago Maior. 1. ed. em português. Tradução de Armando Ribeiro. Salamanca: Gráficas LOPE, 2012.

MARTINS, Edson; MARTINS, Denise. **No Caminho de Santiago.** Brasília: Thesaurus, 2001.

NOGUERA, Jaime Serra; POYARD, Maria Dolores de Miguel. **O Caminho de Santiago** – Guia por etapas. Madrid: Ediciones A.M., 2007.

PEREZ, Itelberto. **O Caminho de Santiago de Compostela** – Roteiro de um peregrino. Ribeirão Preto/SP: FUNPEC Editora, 2009.

REIS, Sérgio. **O Caminho de Santiago** – Uma peregrinação ao campo das estrelas. Porto Alegre: Artes e Ofícios, 2008.

RIPOLL, Lairton Galaschi. **Santiago de Compostela** – Manual do peregrino. Porto Alegre: Artes e Ofícios, 2002.

SAAVEDRA, Miguel de Cervantes. **Dom Quixote de la Mancha.** volume único. Tradução de Sérgio Molina. São Paulo: Editora Nova Aguilar, 2016.

SANTOS, Denise. **Santiago de Compostela** – Informação e inspiração. Blog. Disponível em: <http://www.santiagodecompostelainfo. com/oblog/>

SHARP, Anna. **A magia do Caminho Real**. Rio de Janeiro: Editora Rocco, 1993.

SILVA, José Luiz Pinto da. **Caminhando no Caminho de Santiago de Compostela**. São Paulo: Madras Editora, 2012.

SOUZA, Frei Mário Sérgio. **Viver a Palavra 2018** – O Evangelho comentado para cada dia do ano. São Paulo: Paulinas, 2018.

SPOTO, Donald. **Francisco de Assis: o santo relutante**. Tradução de S. Duarte. Rio de Janeiro: Objetiva, 2010.

TENROLLER, Carlos Alberto. **27 dias e algumas histórias no Caminho de Santiago de Compostela**. Porto Alegre: BesouroBox, 2012.

VELOSO, Guy. **Via Láctea** – Pelos caminhos de Santiago de Compostela. 5. ed. São Paulo: Editora Sedna, 2007.

IMPRESSÃO:

Santa Maria - RS | Fone: (55) 3220.4500
www.graficapallotti.com.br